궁금했어,
뇌과학

궁금했어, 뇌과학

유윤한 글 | 나수은 그림

나무생각

차례

1장
뇌는 어떻게 생겼을까?   7

- 단세포 생물에서 다세포 생물로   9
- 각 부분마다 다른 역할을 하는 뇌   16
- 정보를 전달하는 신경 세포   20
- /궁금 pick/ 나는 좌뇌형일까? 우뇌형일까?   24

2장
뇌는 어떻게 움직일까?   29

- 기억하고 학습하는 뇌   31
- 우리 몸의 지휘 본부   39
- 척수 신경과 감각 신경   46
- 뇌 건강과 영양   53
- /궁금 pick/ 뇌의 진화를 도와준 동물들   60

3장
뇌과학은 어떻게 발전해 왔을까?   65

- 뇌과학의 시작   67
- 신경 세포의 발견   76
- 뇌과학을 발전시킨 기술   82
- /궁금 pick/ 거짓말하는 뇌를 찍는 사진   88

4장
뇌과학과 나는 어떤 관계가 있을까? 93

뇌는 나의 모든 것 95
뇌의 병, 마음의 병 102
미래를 결정하는 기억 109
/ 궁금 pick / 공포 분위기로 성적을 올릴 수 있을까? 114

5장
뇌과학은 어떻게 미래를 만들어 갈까? 119

서로 닮은 뇌와 컴퓨터 121
인공 신경 세포의 발달 128
뇌와 컴퓨터의 결합 134
/ 궁금 pick / 뇌를 성형하는 시대 140

작가의 말 145

1장

뇌는 어떻게 생겼을까?
- 뇌의 구조와 역할

단세포 생물에서
다세포 생물로

 1955년 천재 물리학자 알베르트 아인슈타인이 입원했다는 소식을 들은 의사들은 너나없이 병을 고치겠다고 나섰지만 아인슈타인은 인위적으로 삶을 연장하지 않겠다고 했어. 그리고 묘지와 묘비도 만들지 말고, 시신은 화장해 달라는 유언을 남겼지. 아인슈타인은 그렇게 세상을 떴어.

 하지만 아인슈타인의 유언은 지켜지지 않았어. 누군가 천재 과학자의 뇌를 훔쳐 간 거야. 범인은 아인슈타인의 시체를 부검한 의사 토머스 하비였어. 하비는 아인슈타인의 뇌를 본 순간 엄청난 호기심을 느꼈어.

 "이 뇌를 연구할 수만 있다면, 천재의 비밀을 밝혀낼 텐데……. 과연 천재의 뇌와 보통 사람의 뇌는 무엇이 다를까?"

하비의 호기심은 걷잡을 수 없이 커졌어.

"내가 천재 뇌의 비밀을 밝혀낸다면 엄청 유명해지겠지? 어쩌면 노벨상을 받을지도 몰라."

하비가 아인슈타인의 뇌를 빼돌렸다는 것을 알게 된 가족들은 거세게 항의했지만 그는 돌려주지 않았어. 그리고 아인슈타인의 아들을 설득해 그의 뇌를 연구할 수 있게 허락받았어.

하비는 아인슈타인의 뇌를 여러 조각으로 잘라 여러 과학자들에게 보냈어. 하비를 비롯한 과학자들은 아인슈타인의 뇌를 이리저리 살펴봤지만 보통 사람의 뇌와 크게 차이가 없다는 결론을 내렸어. 아인슈타인 뇌는 오히려 남자들의 평균 뇌보다 가벼웠지.

알베르트 아인슈타인

이때 과학자들이 밝혀낸 중요한 사실 한 가지가 있어. 바로 아인슈타인의 뇌 일부분이 파충류의 뇌라는 사실이야. 사람이라면 누구나 아인슈타인처럼 머릿속에 파충류의 뇌를 가지고 있어. 즉, 이 책을 읽는 여러분의 머릿속에도 파충류의 뇌가 숨죽이고 있다는 말이지. 어떻게 사람의 뇌가 파충류와 비슷할 수 있냐고? 그것을 알기 위해서는 지구에 생명체가 나타난 뒤 뇌가 발달해 온 과정을 살펴보아야 해.

뇌의 발달

최초에 단 하나의 세포로 이루어진 생명체가 여러 개의 세포를 지닌 작은 다세포 생물로 진화하기 시작한 것은 약 10억 년 전쯤이야. 다세포 생물이 생명을 지켜 내려면, 바깥 세계에 대한 정보를 세포들끼리 서로 주고받아야 해. 해가 뜨는지 지는지, 혹은 추운지 더운지를 알아야 먹이를 찾을 수 있거든. 그러다 보니 몇몇 세포들이 모여 서로 정보를 주고받는 '신경'이라는 기관이 생겨나게 되었어.

4억 5천만 년 전쯤에는 등뼈를 가진 척추동물이 지구상에 처음 나타났어. 이즈음 신경 세포들은 정보를 전달할 때 신호를 켜고 끄는 기능을 갖추게 되었는데, 필요 없을 때는 신호를 꺼서 에너지를 아낄 수 있었지. 덕분에 정보를 전달하는 속도가 100배 이상 빨라졌어.

1938년, 남아프리카공화국의 한 항구에서 이상하게 생긴 물고기가 잡혔어. 몸길이가 1.5미터나 되는 이 물고기는 헤엄치는 방법이 특이했어. 사자나 말이 네 다리로 걸을 때처럼 지느러미를 교대로 내뻗으며 앞으로 나아갔거든. 이 물고기는 약 4억 년 전부터 지구에 살았던 실러캔스였어. 실러캔스의 뇌는 작은 끈 모양인데 구조적으로는 인간의 뇌와 비슷해. 그래서 실러캔스의 뇌를 살펴보면 인간의 뇌

실러캔스

가 어떻게 진화해 왔는지 알아볼 수 있지.

 물속에서 처음 생겨난 생명체는 땅 위로 올라와 도롱뇽 같은 양서류나 공룡 같은 파충류가 되었어. 실러캔스의 뇌보다는 발달했지만, 구조는 단순했어. 그저 냄새를 맡거나 사물을 볼 수 있는 정도였지. 파충류에서 진화된 포유류는 공룡의 공격을 피하기 위해 주로 밤에 돌아다녔어. 그러다가 아예 나무에 올라가 생활하는 원숭이 같은 영장류도 생겨났지.

 영장류는 낮에 활동하며 먹이가 어디 있는지를 살폈어. 나무 위에서 내려다보면서 눈으로 들어오는 많은 정보를 모아 판단하기 위해 뇌가 커졌지. 영장류의 뇌는 표면에 쭈글쭈글 주름이 생겼어. 작은 두개골 안에서 점점 더 커져 가는 두뇌를 담기 위해서였지.

 600만 년 전쯤부터는 나무에 살던 영장류의 일부가 땅으로 내려와 살기 시작했

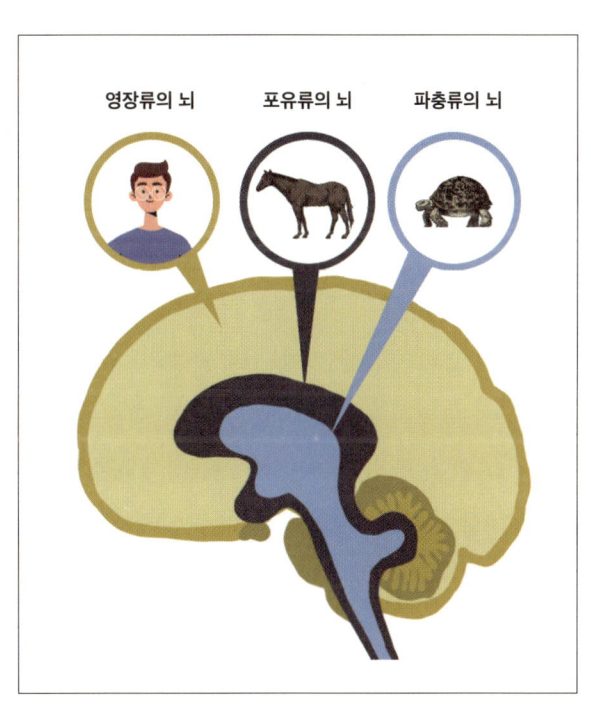

인간 뇌의 발달

어. 기후가 변해 더 이상 나무 위에서 살기 어려웠기 때문이야. 열대 우림이 초원으로 바뀐 곳이 많았거든. 영장류는 땅으로 내려와 두 다리로 걷고 손을 사용하게 되면서 점점 두뇌가 발달했어. 불을 사용하면서는 더 큰 변화가 생겼지.

불의 사용

불을 다스릴 줄 알게 된 인류는 불을 피해 무조건 도망가지 않고 불을 이용할 수 있게 되었어. 사고력이 발달하면서 공포심이나 싫은 감정을 극복하고, 창의적이고 이성적인 판단을 하게 된 거야. 파충류의 뇌 위로 포유류와 영장류의 뇌가 자라면서 발달했기 때문에 가능해진 일이지.

불을 사용해 익힌 부드러운 음식을 먹기 시작하자 턱이 작아졌고 뇌는 더 커졌지. 그 덕분인지 이때쯤부터 인류는 말을 할 수 있게 되었어. 말을 할 줄 아는 사람들끼리는 정보를 훨씬 빨리 주고받았기 때문에 그렇지 않은 무리들보다 더 많은 식량을 구할 수 있었어.

말을 할 줄 모르는 무리들은 사냥할 때 우왕좌왕하다가 사냥감을 놓치는 경우가 많았지만 의사소통이 가능한 무리는 서로 역할을 나누어 사냥에 자주 성공할 수 있었어. 그사이에 아주 작은 신경 세포로 출발했던 뇌는 무게가 1킬로그램이 넘을 정도로 커졌지.

각 부분마다
다른 역할을 하는 뇌

인간의 뇌는 호두 알갱이처럼 생겼고 물컹한 두부 덩어리 같아. 뇌는 크게 대뇌, 소뇌, 뇌간으로 나눌 수 있어. 뇌간은 뇌줄기라고도 하는데, 대뇌와 척수(등뼈 속 신경)를 연결해 주는 역할을 해.

뇌를 둘러싸고 보호하는 뼈는 두개골이야. 두개골 속에 들어 있는 어른 뇌의 무게는 1.3~1.5킬로그램으로, 몸무게의 100분의 2 정도지. 하지만 에너지를 많이 사용하기 때문에 영양분과 산소가 많이 필요해.

두개골의 85%는 대뇌, 10%는 소뇌가 차지하고 있어. 좌뇌와 우뇌 한 쌍으로 이루어진 대뇌의 겉 부분은 주름진 대뇌 피질로 덮여 있어. 대뇌 피질은 전두엽, 두정엽, 측두엽, 후두엽으로 이뤄져 있지.

대뇌 피질에는 신경 세포가 그물처럼 연결되어 있다고 보면 돼. 대뇌 피질은 가운데를 중심으로 좌반구와 우반구를 이루고 있어. 뇌의

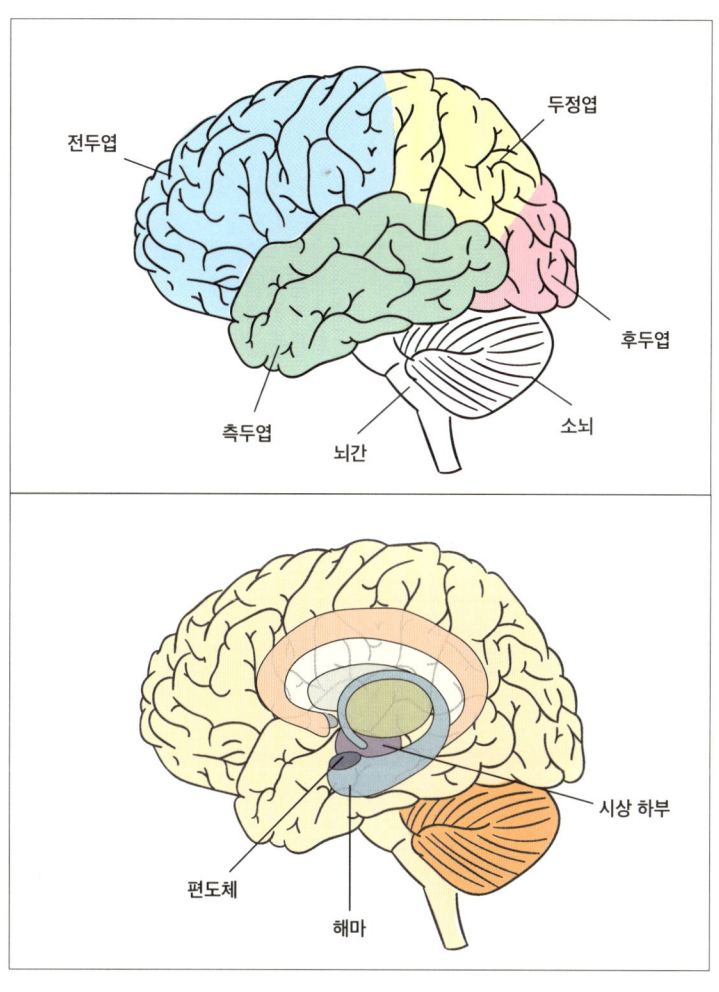

대뇌 피질의 구조(위)
뇌의 구조(아래)

각 부분이 어떤 일을 하는지 살펴볼게.

전두엽	이마에 가까운 부분. 기억하고 판단하는 일을 하고, 행동을 조절함.
두정엽	통증, 촉각, 가려움 등의 정보를 전달함.
측두엽	청각 정보 전달. 측두엽에 문제가 생기면, 말의 앞뒤가 맞지 않고, 다른 사람의 말도 잘 이해하지 못함.
후두엽	눈을 통해 들어온 정보를 처리함.
시상 하부	머릿속에 장착된 자동시계. 인체의 변화 리듬을 조정. 혀가 닿는 입천장 위쪽 머릿속 깊은 곳에 위치함. 배고픔, 목마름, 감정 표현, 체온 조절 등을 담당함. 뇌의 1% 정도로 작지만, 생명 활동과 관련된 중요한 일을 함.
뇌하수체	시상 하부의 아래쪽. 여러 종류의 호르몬을 만듦. 휴식을 하고, 감정을 느끼게 만들며, 우리 몸이 여성이나 남성의 특징을 가질 수 있게 함.
편도체	감정과 기억 담당.
해마	길이가 5센티미터 정도이며 바다에 사는 해마를 닮음. 짧은 기억을 저장함.
소뇌	야구공 정도의 크기로, 무게는 대뇌의 10분의 1. 대뇌가 내린 명령에 따라 온몸의 근육에 신호를 보내 적절하게 움직이도록 함.
뇌간	우리 몸이 생명을 유지하기 위해 숨 쉬고, 소화하고, 체온을 조절하고, 잠을 자도록 함.

정보를 전달하는
신경 세포

우리 몸의 다른 부분처럼 뇌도 세포로 이루어졌어. 그중에서도 가장 중요한 것은 '뉴런'이라고 불리는 신경 세포야. 뇌에 있는 1,000억 개 정도의 신경 세포는 전기 신호를 켰다가 끄는 방법으로 서로 정보를 주고받아. 우리가 하는 생각이나 움직임도 모두 신경 세포들이 정보를 주고받으며 이루어지는 것이지.

신경 세포들 사이에는 1밀리미터를 20만 개로 쪼갠 것처럼 아주 작은 틈이 있어. 전기 신호를 받은 신경 세포가 이 틈으로 신경 전달 물질을 물뿌리개처럼 뿌리면 우리 뇌에는 여러 가지 감정을 느끼거나 기억을 만드는 작용이 일어나.

신경 세포에는 정보를 받아들이는 부분과 내보내는 부분이 따로 있어. 받아들이는 부분이 '가지 돌기'이고 내보내는 부분이 '축삭 돌기'

지. 전기 신호가 축삭 돌기의 끝에 닿으면 특정한 신경 전달 물질을 내뿜도록 만들어. 이 물질은 신경 세포 사이의 작은 틈을 통해 다른 신경 세포의 가지 돌기로 들어가게 돼. 신경 세포는 전기 신호가 들어왔다가

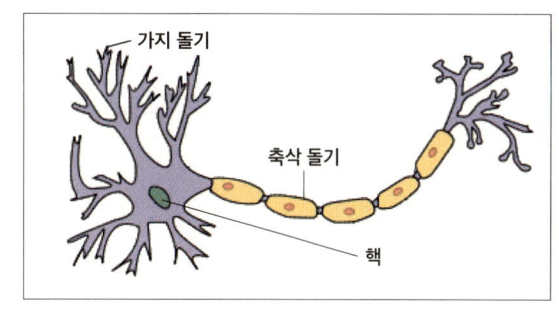

신경 세포

나가는 기다란 전깃줄과 비슷하고, 다른 신경 세포로 정보를 건네줄 때는 신경 전달 물질을 도구로 사용해.

　대뇌가 하는 가장 중요한 일은 이렇게 모인 정보들을 어디로 보내 어떤 일을 할지 결정하는 거야. 공부를 하거나 운동을 할 때, 그리고 좋아하는 일을 반복할 때면 신경 세포들이 이리저리 연결되면서 활발히 정보를 주고받아. 언어를 사용할 때는 좌뇌가, 그림을 그리거나 다른 사람의 얼굴을 알아볼 때는 우뇌가 좀 더 활발히 움직이지.

좌뇌와 우뇌

　미국의 동물학자인 템플 그랜딘은 두 살이 될 때까지 말을 하지 못했어. 부모님은 걱정이 된 나머지 딸을 병원으로 데려가 진찰을 받았어. 의사는 템플이 자폐증을 앓고 있기 때문에 평생 말을 하

지 못할 것이라고 진단을 내렸어. 대부분 자폐인은 언어를 담당하는 좌뇌의 신경 세포들이 제대로 발달하지 않기 때문이야.

템플은 여러 가지 교육을 받은 뒤, 네 살이 되어서야 더듬더듬 말을 시작했어. 사회에서 지켜야 할 예절을 배우기까지는 아주 오래 걸렸지. 하지만 이미지를 기억하는 우뇌가 발달했기 때문에 일반인보다 잘할 수 있는 일도 있었어.

우리는 교회의 뾰족한 첨탑을 보면, '하늘을 찌르겠어.' 혹은 '멋진데!'라고 생각하며 그냥 지나가지만 템플은 이 첨탑을 보는 순간 머릿속에서 구글 이미지 검색처럼 어린 시절에 본 동네 교회 첨탑부터 파리의 노트르담 대성당의 첨탑에 이르기까지 수십 개의 첨탑을 순식간에 떠올릴 수 있었지. 뿐만 아니라 넓은 공간의 구조를 한눈에 파악하고 그 설계도를 머릿속에 상상하는 능력도 갖추었어.

언어보다 이미지로 세상을 보는 템플은 동물의 눈에 보일 세상이 어떤지도 상상할 수 있다고 해. 템플은 이런 능력을 살려 동물학자가 될 수 있었고, 농장 동물들이 좀 더 편하게 지낼 수 있는 가축 시설을 설계하기도 했어. 좌뇌의 신경 회로가 발달하지 못한 것을 훈련으로 극복하고, 다른 사람보다 뛰어난 우뇌를 더 발달시킨 경우지.

템플 그랜딘은 아주 특별한 경우에 속해. 보통 사람들은 좌뇌와 우뇌가 서로 협력해 판단하고 행동해. 좌뇌, 우뇌라고 하니까 꼭 뇌가 두 개인 것 같지만 좌뇌와 우뇌 사이에 '뇌량'이라는 신경 섬유 다발이 있어서 서로 연결되어 있어.

나는 좌뇌형일까? 우뇌형일까?

우리의 뇌는 좌뇌와 우뇌로 나뉘고, 양쪽 뇌는 각각 다른 역할을 담당하고 있어. 이 사실이 증명된 지는 얼마 되지 않았어.

1981년 미국 심리학자인 로저 스페리는 좌뇌와 우뇌가 분리된 사람을 연구해 노벨상을 받았어. 다리 역할을 하는 뇌량을 절제해 좌뇌와 우뇌가 분리된 상태에서 각 뇌가 어떤 역할을 하는지 연구한 것이지. 그의 연구에 따르면, 좌뇌는 말이나 계산을 하고, 우뇌는 공간을 파악하거나 감정을 느끼는 일을 주로 한다고 해. 흔히 좌뇌를 '분석의 뇌'라 하고, 우뇌를 '창조의 뇌'라 부르지. 그리고 좌뇌가 좀 더 활발히 움직이는 사람은 좌뇌형, 우뇌가 좀 더 활발히 움직이는 사람은 우뇌형이라고도 해.

자기가 좌뇌형인지, 아니면 우뇌형인지 알고 싶다면, 지금부터 귀 기울여 봐. 좌뇌형인지 우뇌형인지를 알면, 더 나은 공부 습관을 결정하거나 앞으로 직업을 찾는 데 도움이 되거든. 심지어 어떤 게임이 더 잘 맞는지 알아내기에도 좋지.

좌뇌형의 특징

- 작은 것까지 관찰하고, 비교하고, 분석하는 것을 즐긴다.
- 무엇이든 양을 정확히 따지고, 숫자로 나타내기를 좋아한다.
- 비판적으로 생각하고 찬성인지 반대인지 확실히 결정한다.
- 어떤 일에 대해 말로 표현하고, 논리적으로 설명하는 것이 편하다.

우뇌형의 특징

- 느낌이 좋은 쪽을 주로 선택한다. 왜냐하면 내 자신의 직감을 믿으니까.
- 사실을 그대로 살피기보다는 자신이 그것을 어떻게 느끼는지가 중요하다.
- 작은 것을 자세히 관찰하기보다는 전체를 파악하고 싶어 한다.
- 말로 설명하기보다는 그림이나 사진으로 나타내는 것을 더 좋아한다.

여러분이 스타가 되어 TV 예능 프로그램에 출연하게 되었다고 생각해 봐. 스타라면 눈코 뜰 새 없이 바쁘니까, 이곳저곳에서 나와 달라는 프로그램 중에서 몇 개만 골라야 할 거야. 이런 경우 당연히 자기가 빛나 보일 수 있는 프로그램에만 출연하고 싶은 욕심

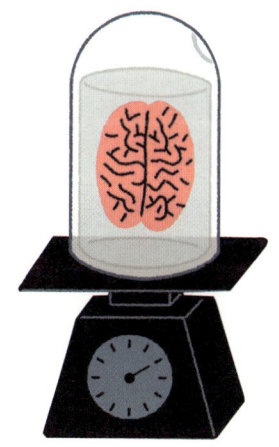

이 생길 테지. 자기와 맞지 않는 엉뚱한 프로그램에 출연해 실수만 연발하다가 그동안 쌓아 온 멋진 이미지를 망칠 수는 없잖아. 이럴 때 자신의 뇌가 어느 쪽이 더 지배적인지를 안다면 큰 도움을 받을 수 있어.

여러분이 좌뇌형 스타라면 '퀴즈쇼'나 '토론과 계산을 하며 문제를 해결하는 프로그램'을 추천할게. 필요한 정보를 재빨리 암기하거나 계산하고, 자신의 의견을 조리 있고 재치 있게 설명하는 데는 좌뇌형이 유리하거든.

하지만 우뇌형 스타라면 '서바이벌 쇼' 같은 체험 프로그램을 추천하겠어. 주변 공간을 파악하고, 다른 사람의 감정을 알아차리려면 직감과 창의력이 뛰어난 우뇌형이 더 유리하기 때문이야. 아마

좌뇌형 게임

우뇌형은 협동심을 발휘해 다른 팀과 겨루는 일도 잘 해낼 거야.

또 하나! 우뇌형은 공부할 때에도 활기찬 분위기를 좋아해. 조용한 곳에서 책만 읽으며 공부하는 것보다는 음악을 틀어놓거나 친구들과 함께 목표를 세워 서로의 창의력을 활용하며 공부하는 것을 좋아하지. 그림을 그려 가며 설명해 주면, 그렇지 않았을 때보다 훨씬 더 빨리 이해할 수 있어.

하지만 좌뇌형은 혼자 조용히 공부하는 것을 좋아해. 어떤 일이든 집중하고 자신만의 방법으로 처리할 때 능률이 오르지. 선생님의 설명을 들으며 꼼꼼하게 필기하거나 계획을 세우고 일정을 정확하게 지키는 것도 아주 잘해.

잊지 말아야 할 사실은 뇌량이 좌뇌와 우뇌를 연결해 주고 있다는 거야. 덕분에 우리가 무슨 일을 하든 양쪽 뇌는 항상 협력할 수 있어. 미리 짜 놓은 시간표대로 계획을 지키면서 창의적인 아이디어를 활용해 친구들과 함께 공부하려면 좌뇌와 우뇌를 동시에 잘 써야 할 거야. 정말 머리를 잘 쓰는 사람이 되려면, 좌우뇌형 인간이 되어야 한다는 사실을 꼭 기억해야 해!

2장

뇌는 어떻게 움직일까?
- 뇌와 학습

기억하고
학습하는 뇌

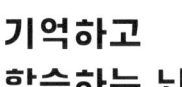

우리가 무언가를 기억한다는 것은 뇌의 기억 창고에 저장이 되었다는 뜻이야. 이 창고는 너무 깊어서 속이 보이지 않는 바다와 비슷해. 그 안에는 엄마 배 속에서 경험했던 감정부터 방금 들었던 노래에 이르기까지 수많은 사실들이 저장되어 있어. 필요한 것을 다시 불러낼 때까지 깊은 기억의 바닷속에 지나간 모든 일들이 가라앉아 있지. 평소에는 이 세계 속에 무엇이 들어 있는지를 의식할 수 없기 때문에 '무의식'이라 불러.

무의식 속으로 가라앉은 기억을 떠오르게 하는 것은 뇌 속의 신경 세포들이야. 어떤 일을 겪거나 알게 되는 동안 서로 다른 신경 세포들이 전기 신호를 보내며 연결돼. 특정한 정보를 전달하기 위해 그에 알맞은 신경 회로가 순간적으로 만들어지는 것이지. 즉, 하나의 기억마다 그에 맞게 연결되는 특별한 신경 회로가 있다고 생각하면 돼.

조금 전에 배운 영어 단어의 뜻을 기억해 내려면, 처음 그것을 들었을 때 연결되었던 신경 세포들이 다시 연결되도록 활동을 시작해야 해. 단어를 기억할 때 생겨났던 신경 회로에 다시 전기가 통하면서 신경 세포들끼리 정보를 주고받아야만 머릿속에 단어의 뜻이 떠오르거든. 만일 공부를 열심히 하는 학생이라면, 그 단어의 뜻을 자주 기억해 내기 때문에, 그에 해당하는 신경 회로가 쉽게 연결될 거야.

매일 운동을 한 사람의 근육이 단단하게 발달하듯 신경 세포도 자주 연결될수록 점점 더 강해지거든. 친한 친구의 얼굴을 본 순간 그 애가 좋아하는 음식과 노래 제목 같은 정보들이 주르륵 떠오르는 것은 그만큼 자주 친구를 생각했기 때문에 신경 회로가 단련되어서야. 하지만 오랫동안 생각하지 않으면, 신경 세포의 연결은 하나씩 끊어져 버리지. 몇 년 만에 만난 친구의 이름이 갑자기 생각나지 않는 경우처럼 말이야.

어린 시절 외국으로 건너가 오래 살다 보면, 우리말을 조금씩 잊어버리고 결국은 더듬거리게 되는 경우가 많아. 이것 역시 우리말을 기억할 때마다 켜지던 신경 회로들을 너무 오랫동안 사용하지 않아서 생긴 결과야. 즉, 우리가 어떤 기억을 잃어버렸다는 것은 그와 관련된 특정한 신경 회로가 더 이상 작동하지 않는다는 뜻이야. 회로를 만들기 위해 연결되던 신경 세포들이 연결 방법을 잊어버린 것이지. 사고나 질병으로 머릿속의 신경 세포들이 손상되었을 때에도 이런 일이 일어나. 바로 기억 상실증이지.

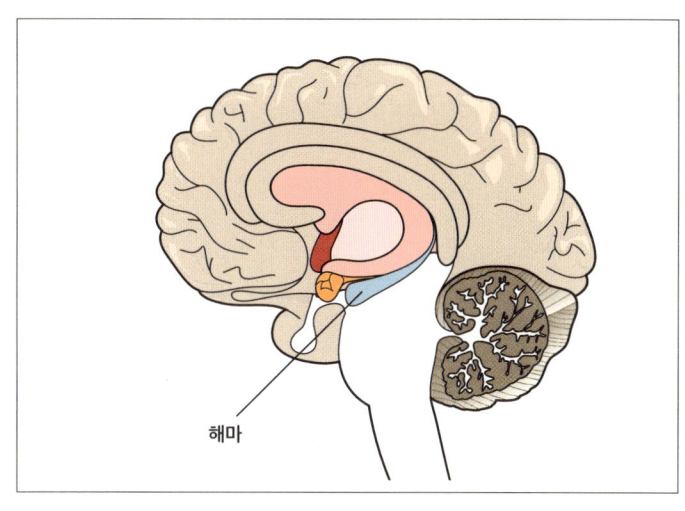

기억을 저장하는 데 중요한 해마

해마와 기억

　기억과 관련된 아주 기쁜 소식이 있어. 뇌에 대해서 잘 알면, 수업 시간에 배운 것을 오래 기억할 수 있어. 뇌가 기억을 오랫동안 저장하기까지 어떤 단계를 거치는지를 알아 두면 공부하는 데도 도움이 될 거야.

　우리가 어떤 사실을 기억하려면, 먼저 머릿속에 정확히 입력해야 해. 만일 '기억과 가장 크게 관련된 부위는 해마'라는 사실을 기억하고 싶다면, '해마'란 단어를 듣거나 읽는 일부터 해야 해. 한눈팔거나 다른 생각을 하면서 '흑마'라고 머릿속에 입력했다면, 그다음에 이어지는 '저장'과 '회상' 과정을 아무리 잘해도 결코 '해마'를 외울 수는 없어. 그러니까 무언가를 외워야 할 때는 가장 먼저 집중부터 해야 해.

그다음으로 할 일은 입력한 것을 저장하는 거야. 머릿속에서 기억을 저장할 때 가장 큰 역할을 하는 곳은 해마야. 해마는 주로 공간 정보를 기억하는 일을 잘하기 때문에 걷거나 그림을 그리면서 단어를 외우면 훨씬 잘 외울 수 있어.

해마는 공포나 기쁨 같은 감정도 기억으로 저장해. 특히 많은 사람들이 무서웠거나 기뻤던 일을 오래 기억하는 것은 그 기억이 만들어질 때 감정을 느꼈기 때문이야. 감정을 처리하는 편도체가, 옆에 있는 해마를 자극해 기억이 오래가도록 도와주지.

특히 사람들은 무서웠던 기억을 오래도록 잊지 못해. 아주 오래전에는 사람들이 느끼는 공포심이 사느냐, 죽느냐를 결정하는 중요한 문제였거든. 제대로 된 무기도 없고 불도 다룰 줄 몰랐던 그때는 늘 맹수에게 쫓기며 살아야 했고 화산 폭발이나 홍수 같은 천재지변이 자주 일어나 살아남으려면 재빨리 도망가야 했지. 이때 사람들이 느꼈던 공포심은 심장 박동을 빠르게 해서 근육으로 혈액을 더 많이 보내 빨리 도망갈 수 있도록 도와주었어. 그 결과 공포심은 다른 어떤 감정보다 사람이 살아가는 데 꼭 필요한 감정이 되었지.

해마는 새로운 기억을 저장하는 것 외에 오랫동안 간직해야 하는 기억을 대뇌 피질로 올려 보내는 역할을 해. 이렇게 만들어진 기억을 '장기 기억'이라고 하지. 해마가 저장할 수 있는 기억의 양에는 한계가 있어. 보통 30초 동안 최대 아홉 가지 정보를 저장할 수 있어. 30초가 지나면 장기 기억으로 올려 보내지 못한 기억은 하나둘 사라지게 돼. 만일 해마에 손상을 입으면, 어떤 기억도 장기 기억으로 바꿀 수 없어. 그래서 5분 전이나 10분 전에 일어난 일도 기억하지 못해.

 1953년 미국의 신경외과 의사 윌리엄 스코빌은 뇌전증 환자를 진료하게 되었어. 환자의 이름은 헨리 구스타브 몰레이슨, 나이는 스물일곱 살이었지. 이 청년은 뇌전증 발작이 너무 심해 어떤 일도 제대로 할 수 없었어. 스코빌은 몰레이슨의 뇌에서 문제를 일으키는 부분을 절제하는 것이 가장 확실한 치료법이라 진단하고 수술에 들어갔어. 지금은 부작용 때문에 이 수술이 금지되었지만, 당시에는 효과적인 치료법이었어.

 수술 후 몰레이슨은 건강을 되찾았고, 뇌전증 발작도 사라졌어. 그런데 생각지도 못했던 부작용이 찾아왔어. 더 이상 새로운 기억을 저장할 수 없게 된 거야. 지능은 그대로였고, 수술하기 전에 일어났던 일에 대한 기억은 고스란히 남아 있었어. 하지만 방금 만났던 사람이나 먹은 음식을 기억하지 못했어. 심지어 바로 전에 의사와 나누었던 이야기도 기억하지 못해 끊임없이 다시 물었지. 검사 결과, 어떤 기억도 30초 이상 몰레이슨의 뇌 속에 머물지 않는 것으로 드러났어.

 몰레이슨은 수술을 받은 날 이후에 일어난 일을 하나도 기억할 수 없었기 때문에, 자신이 나이를 먹어 가고 있다는 것도 몰랐어. 그의 기억은 수술을 받았던 스물일곱 살까지가 전부이기 때문이야. 그래서 그는 여든두 살로 죽을 때까지 자신이 늘 스물일곱 살이라고 생각했어. 이처럼 기억에 문제가 생기면, 우리는 자신이 누구인지를 정확하게 알 수가 없어. 그러고 보면 기억은 우리가 사람답게 살아가도록 해 주는 뇌의 중요한 기능 중 하나야.

단기 기억과 장기 기억

보통 사람들도 몰레이슨처럼 해마에 저장되었던 기억을 잃어버리는 경험을 간혹 하기는 해. 예를 들어 아침에 일어났을 때 어떤 꿈을 꾸었는지는 아주 짧은 시간 동안만 기억나지. 일어나려고 몸을 뒤척이는 순간 이미 까맣게 잊어버리고 말아. 이럴 때는 잊어버리기 전에 어떤 꿈을 꾸었는지 머릿속으로 다시 떠올리거나 메모를 하면, 오랫동안 기억할 수 있어. 다시 말해 기억을 잘하기 위해서는 회상을 해야 해.

우리가 학교 수업을 마치고 집에 돌아와 복습을 하는 것도 결국은 그날 배운 내용을 잘 기억하기 위해 회상하는 과정이야. 수업 시간에 집중해서 잘 듣고 정보를 정확히 입력했다면, 머릿속의 해마는 이 정보를 오래 기억하기 위해 대뇌 피질로 올려 보냈을 거야. 그러면 대뇌 피질의 신경 세포들은 이것을 기억하기 위한 신경 회로를 만들어. 거기에 복습까지 해서 이 신경 회로가 작동하도록 자극하면, 신경 회로는 점점 튼튼해져 기억이 오래갈 수 있지.

이때 기억을 잘하기 위한 중요한 비결이 한 가지 더 있어. 바로 서로 다른 것들을 연결시켜 기억하는 것이지. 미국의 수도가 '워싱턴 D.C.'라고 배웠는데 자꾸 미국의 수도가 뉴욕인지 워싱턴 D.C.인지 헷갈린다면, 워싱턴 D.C.와 연결시킬 수 있는 다른 것을 찾아야 해. 다행히 '미국의 초대 대통령은 워싱턴이다.'라는 사실을 알고 있다면, 여기에 워싱턴 D.C.를 연결시키는 거야. 미국을 대표하는 초대 대통령은 조지 워싱턴이고, 마찬가지로 미국을 대표하는 수도는 워싱턴 D.C.라고 기억하는 거지. 서로 다른 두 가지 기억이 연결된 신경 회로는 더욱 강력해져 쉽게 사라지지 않아.

눈치 빠른 독자들은 이미 알아챘겠지만, 이처럼 두 가지 기억을 연결시키려면 중요한 조건이 있어. 바탕이 되는 지식이 풍부해야 한다는 거야. 이것이 바로 책을 많이 읽어 지식이 풍부한 사람일수록 공부를 잘할 가능성이 커지는 이유지. 배경 지식이 풍부하면 새로운 지식과 연결시킬 재료를 많이 가지고 있는 셈이니까.

어떤 사실을 기억하고 2주 정도 지나야 장기 기억으로 뿌리를 내릴 수 있어. 그러니 2주 동안은 배운 것을 자주 복습하면서 신경 회로가 사라지지 않도록 자극해 주어야 해.

우리 몸의
지휘 본부

뇌는 우리 몸의 총 지휘 본부야. 주변 환경을 보고 느끼면서 우리가 어떻게 반응해야 할지를 결정하지. 생명체는 적을 발견하면 빨리 도망가고, 먹이는 잡아야 살아남을 수 있으니까 주변 환경을 알아차리는 것은 아주 중요해. 우선은 눈, 코, 입, 귀, 피부를 통해 느끼는 감각으로 자신에게 좋은 것인지, 아니면 위험한 것인지를 판단해야 해.

이렇게 시각, 청각, 미각, 후각, 촉각 기관을 통해 들어온 정보가 전기 신호로 바뀌어 뇌로 전달되면, 뇌는 이 신호를 읽고 분석한 뒤에 몸의 여러 기관에 명령을 내려. '저것은 적이니까 어서 도망가야 해.'라고 판단했다면, 심장이 쿵쾅쿵쾅 강하고 빠르게 움직여 다리 쪽으로 많은 혈액을 보낼 거야. 그리고 뇌에서 오는 명령과 심장이 보낸 혈액을 받은 다리는 '걸음아, 나 살려라!' 하고 달음박질을 시작하겠지.

정보를 모으는 감각 기관

지금부터는 우리 뇌가 주변 환경으로부터 정보를 모으고 판단하는 과정을 살펴볼까 해. 우선 가장 중요한 통로는 눈이야. 새 학년 새 학기에 첫눈에 마음에 드는 친구를 발견한 적이 있을 거야. 아마도 눈을 통해 들어온 정보를 가지고 판단한 것이겠지.

우리 눈의 망막 왼쪽과 오른쪽에 맺힌 시각 정보는 시신경을 통해 뇌로 전달돼. 이때 시교차라는 곳에서 시신경이 교차되면서 시각 정보가 좌뇌와 우뇌로 나뉘어 들어가지. 망막 왼쪽 시신경은 좌뇌로, 망막 오른쪽 시신경은 우뇌로 이어져 있어서 좌뇌와 우뇌가 양쪽 눈의 정보를 모두 받을 수 있어. 이처럼 좌뇌와 우뇌가 정보를 따로 처리하면서 정보를 주고받는 것은 물체가 얼마나 멀리 있는지를 알아내는 데도 도움이 돼. 이때 눈으로 들어온 정보를 모두 합쳐 전체적으로 판단해서 처리하는 시각 영역은 뇌의 뒤쪽 후두엽에 있어.

우리 몸의 감각 기관 중 눈 다음으로 중요한 것은 소리를 듣는 귀야. 소리는 공기가 떨리는 현상인데, 떨리는 공기가

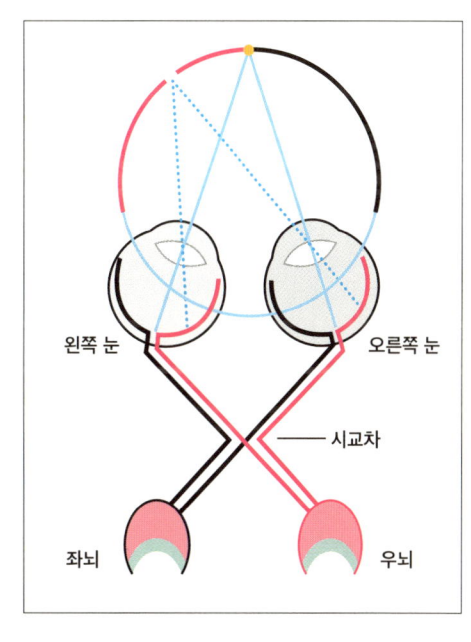

눈의 시각 정보 처리

귀로 들어와 고막을 건드리면 이 떨림은 고막 안쪽에 있는 세 개(망치뼈, 모루뼈, 등자뼈)의 작은 뼈로 전달돼. 그리고 이 뼈들이 차례대로 떨리면서 그 세기가 몇 배로 커지지. 마지막 뼈가 공기의 떨림을 20~30배까지 키워 달팽이관으로 보내면, 그 안에 있는 청신경 세포가 자극을 받아.

청신경 세포는 이런 소리 정보를 재빨리 전기 신호로 바꾸어 뇌에 전달해. 뇌에서 소리 정보를 처리하는 곳은 머리 양옆의 측두엽이야. 측두엽에는 언어만을 알아듣는 부분이 따로 있어. 만약 이 부분에 문제가 생기면 소리를 들을 수는 있어도 말을 이해하지는 못해.

우리가 바깥 세계를 알아차리는 데 또 다른 중요한 감각 기관은 코야. 코 안쪽 얇은 막에는 여러 가지 냄새를 느낄 수 있는 후각 신경 세포가 있어. 이 세포들은 공기 중에 떠다니는 보이지 않을 정도로 작은 냄새 알갱이들을 받아들여 정보를 읽어 내. 그리고 이 정보를 전기 신호로 바꾼 뒤 뇌로 전달하면, 뇌에서 어떤 냄새인지 판단하지.

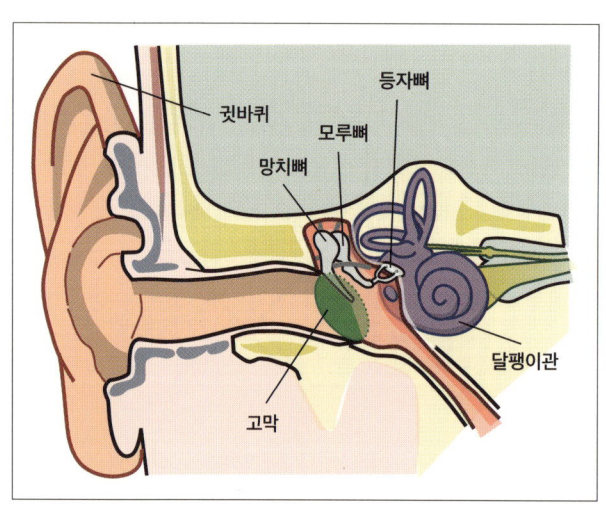

귀의 구조

2014년 록펠러대학교에서 진행한 실험에 따르면, 사람은 1조 가지나 되는 냄새를 분류할 수 있을 정도로 예민한 후각 신경을 가지고 있어. 그래서 후각은 빨리 피곤해지지. 같은 냄새를 오래 맡으면 무디어지는 이유도 그 때문이야. 무더운 여름에 지하철이나 버스에서 땀 냄새를 풍기는 사람이 있는데 정작 본인은 몰라. 이미 자신의 냄새에 무디어져 있기 때문이야.

 맛을 느끼는 미각 신경 세포도 자극에 약한 편이야. 집에서도 간단한 실험으로 알 수 있어. 냉장고 안에 오렌지 주스가 있다면 컵에 조금만 따라서 마셔 봐. 새콤달콤한 맛에 조금 더 마시고 싶어질 거야. 그러면 다시 주스를 조금 따르고, 이번에는 설탕을 한 스푼 넣은 뒤 마셔 봐. 아마 아까보다 훨씬 달콤할 거야.

 자, 이제 미각 세포가 얼마나 변덕스러운지를 시험해 볼 시간이 왔어. 컵에 다시 오렌지 주스를 조금 따르고, 설탕을 넣지 않은 상태에서 마셔 봐.

 어때? 너무 시고 맛없어서 뱉어 버린 사람은 없겠지? 처음에는 새콤달콤하던 오렌지 주스가 세 번째 단계에서는 맛없게 느껴지는 이유는 혀에 있는 맛봉오리들이 피로해졌기 때문이야. 혀 위에 오돌토돌 솟아 있는 맛봉오리 속에는 맛을 느끼는 세포들이 있어. 이 세포들은 두 번째 단계에서 설탕을 넣은 오렌지 주스의 강한 단맛을 처리하느라 피곤해졌기 때문에, 세 번째 단계에서 그보다 약한 단맛이 들어오면 잘 알아차리지 못해.

 우리 뇌가 맛을 판단할 때는 미각 신경 세포가 전해 주는 정보만을

의지하지는 않아. 코로 들어오는 음식 냄새나 입안에 전해지는 부드럽거나 촉촉한 느낌, 씹을 때의 쫄깃하거나 질긴 감각 정보들을 종합해 맛이 있는지 없는지를 결정하지. 그래서 감기로 코가 막히거나 일부러 코를 막으면, 맛을 거의 느낄 수가 없어. 그만큼 맛을 느끼는 세포는 냄새를 느끼는 세포들과 함께 움직인다고 보면 돼. 이것은 상한 음식에서 나는 냄새를 재빨리 알아차려서 먹지 않도록 우리 몸이 진화해 온 결과야.

우리 몸에서 가장 넓은 감각 기관은 피부야. 피부는 몸을 보호하는 동시에 주변의 온도나 압력을 느끼고, 이 정보를 뇌까지 전달해, 예를 들어 피부가 어딘가에 닿으면 '부드럽다'거나 '거칠다'와 같은 촉감 정보를 뇌로 전달하지.

피부로 온도 정보가 들어올 때는 보통 10~45℃ 사이의 온도를 차갑다거나 뜨겁다고 느껴. 그리고 이 범위를 넘어서면 우리 뇌는 아프다고 느끼지. 겨울에 찬바람을 오래 맞으면 차갑다기보다는 얼얼하게 아프잖아. 또 아주 뜨거운 냄비의 손잡이를 잡았을 때도 뜨겁다기보다는 찌르는 듯한 통증을 느끼지. 보통 10℃ 아래로 차갑거나 45℃ 이상으로 뜨거운 곳에 오랫동안 피부가 노출되면 동상이나 화상을 입게 되는데, 다행히 이런 통증 감각 덕분에 우리는 동상이나 화상을 미리 피할 수 있어.

척수 신경과
감각 신경

대뇌가 우리 몸을 움직이기 위해 명령을 내릴 때는 척수 신경을 거쳐야 해. 척수 신경은 등뼈 안에 신경 세포들이 45센티미터 정도로 길게 늘어선 것을 말하는데 대뇌와 연결된 일부로 보기도 해. 온몸에 퍼져 있는 가느다란 신경들이 이 척수 신경과 연결되어 정보를 실어 나르는 역할을 하지.

척수 신경은 감각 신경과 운동 신경이 나란히 붙어서 이루어져 있어. 감각 신경은 피부와 같은 감각 기관이 받아들인 정보를 대뇌로 전달하고, 운동 신경은 대뇌와 척수에서 내리는 명령을 온몸으로 전달해.

이때 눈, 코, 입, 귀처럼 중요한 감각 기관이 있는 얼굴의 신경 세포들은 척수에 있는 감각 신경을 거치지 않고, 대뇌와 직접 연결되어 정보를 주고받아. 즉, 얼굴을 이루는 수많은 근육에는 대뇌와 직접 연결된 신경들이 쫙 깔려 있지. 이 근육들은 대뇌에서 내려오는 명령을 직접 받기 때문에 대뇌의 특정 부위에 문제가 생기면, 갑자기 한쪽 눈이 감기지 않거나 입이 비뚤어지기도 해.

우리 몸을 지키는 반사 운동

척수 신경은 피부나 몸의 각 기관이 받아들인 정보를 모아 대뇌로 전달하고, 거꾸로 대뇌가 내린 명령을 받아 각 기관으로 전달하는 중개소야. 하지만 앞에서도 말했듯이 척수는 대뇌의 일부이기 때문에 감각 기관이 모아온 정보들을 스스로 판단하고, 몸의 각 기관에 명령을 내리는 역할도 하지. 특히 생명을 지키기 위해 긴급하게 명령을 내려야 할 때는 정보를 대뇌로 보내지 않고 스스로 알아서 처리해.

예를 들어 뜨거운 것을 모르고 잡았을 때 얼른 손을 떼고 몸에서 온도가 낮은 귓불을 잡는 동작은 척수 신경이 내린 명령에 따른 것이야. 대뇌에서 명령을 받지 않는 이런 행동을 '무의식적인 반응' 또는 '반사 반응'이라고 불러. 만일 뜨겁다는 정보를 대뇌까지 보내고, 대뇌가 손을 떼라는 명령을 내릴 때까지 기다렸다면 심한 화상을 입고 말았을 거야. 그래서 척수 신경에 이미 심겨 있는 생명 활동 체계에 따라 몸이 저절로 움직인 거지. 이 때문에 '반사 운동'이라고도 해. 무릎을 구부린 채 고무로 된 작은 망치로 무릎뼈 아래를 살짝 두드려 봐. 무릎이 저절로 쭉 펴질 거야. 이것도 반사 운동의 한 종류야.

우뇌에서 내려오는 전기 신호는 몸의 왼쪽 부분 근육을, 좌뇌에서 내

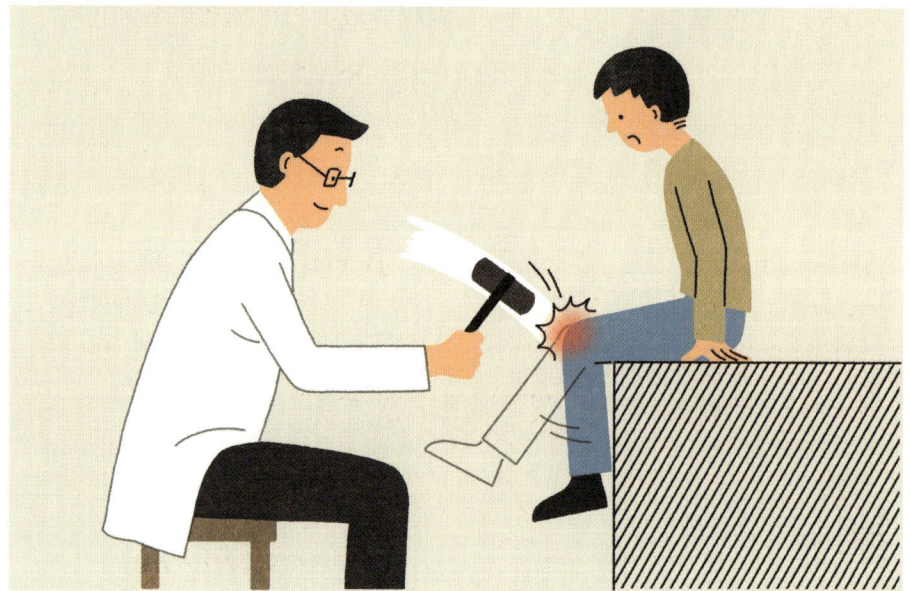

려오는 전기 신호는 몸의 오른쪽 부분 근육을 지배하고 있어. 따라서 우뇌에 병이 생기면 왼쪽 손발을 움직이기 어렵고, 좌뇌에 병이 생기면 오른쪽 손발을 움직이기 어려워. 이처럼 좌뇌와 우뇌의 지배 영역이 바뀌는 이유는 대뇌로 들어오거나 나가는 신경 대부분이 뇌간을 지나면서 좌우가 바뀌는 교차 현상이 일어나기 때문이야.

브로카 영역과 베르니케 영역

19세기에는 사진 촬영과 같은 첨단 의학 기술이 발달하지 못했어. 그래서 뇌에 대한 많은 사실이 주로 뇌 수술 중에 발견되었지. 프랑스 외과 의사인 폴 브로카는 자신이 치료하던 뇌전증 환자가 죽자 뇌의 어떤 부위에 문제가 있었는지를 정확히 알고 싶었어. 이 환자는 말을 제대로 하지는 못했지만, 다른 사람의 말을 알아들을 수는 있었거든. 브로카는 이 환자의 뇌를 해부했고, 좌뇌의 전두엽 아랫부분이 병들어 있는 것을 발견했어. 그 후 말하는 것과 관련된 이 부분은 '브로카 영역'이라 불리게 되었어.

마찬가지로 19세기 후반에 독일의 의사인 카를 베르니케는 말하는 것과 관련된 또 다른 부분을 발견했어. 좌뇌의 측두엽 뒤쪽을 다치거나 병든 환자들은 앞뒤가 맞지 않는 이야기를 중얼거린다는 걸 알게 되었어.

"점심에 뭐 먹었니?"

"아이스크림을 먹는데, 사자가 노래를 불러서, 내가 잠을 잤어."

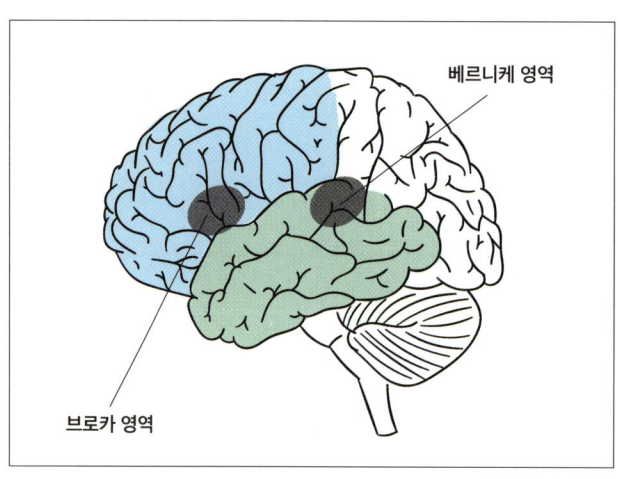

브로카 영역과 베르니케 영역

 이처럼 이야기의 흐름이나 의미를 이해하지 못하는 사람들은 그림에 표시된 베르니케 영역에 문제가 있을 경우가 많아.
 그런데 오래 생각할 필요가 없는 반복적인 행동은 대뇌 대신 소뇌가 맡아서 처리해. 소뇌는 대뇌 뒤쪽 아래에 있어. 소뇌는 자세와 균형을 유지하는 것 외에도 여러 근육이 서로 협동해 잘 움직이도록 중간에서 조절하고 통제하는 일도 해. 수영을 하거나 피아노 같은 악기 연주를 배울 때는 소뇌의 도움이 있어야만 정확한 동작을 할 수 있어.
 일단 동작이 몸에 익으면, 더 이상 대뇌의 도움을 받지 않고도 저절로 몸이 움직이도록 만들지. 자전거를 처음 배울 때는 넘어지지 않으려고 손잡이를 꼭 잡고 오른쪽으로 꺾을지 왼쪽으로 꺾을지 고민하지만, 익숙하게 되면 다른 생각을 하면서도 균형을 잘 잡을 수 있는 것

처럼 말이야. 이것은 대뇌가 다른 생각을 하는 동안 소뇌가 열심히 일해서 가능한 일이야.

운동을 좋아하는 뇌

마지막으로 뇌와 몸의 움직임에 대해 알아야 할 중요한 사실이 한 가지 더 있어. 뇌는 운동을 아주 좋아한다는 거야. 미국 미주리대학교에서 쥐에게 작은 추를 지고 사다리를 오르는 근력 운동을 시키는 실험을 했어.

실험 결과, 운동을 한 쥐들은 다른 쥐들보다 기억력이 더 좋아져 미로에서 잘 빠져나왔어. 운동을 하면 온몸의 근육으로 혈액과 산소를 보내기 위해 심장 박동이 빨라지기 때문에 뇌로 들어오는 혈액의 양도 많아져 그만큼 영양 공급이 잘되고 기분이 좋아지도록 만드는 신경 전달 물질 분비도 활발해지거든.

이런 상태에서는 뇌의 신경 회로 연결이 더욱 잘되기 때문에 사고력과 기억력이 좋아질 수 있어. 그러니까 여러분도 너무 오래 앉아 있었다면, 잠시 책을 덮고 몸을 움직이거나 달려 봐. 자전거를 타는 것도 좋겠지.

뇌 건강과 영양

우리가 먹는 음식은 소화 과정을 거쳐 살아가는 데 필요한 에너지로 바뀌어. 어떤 음식이든 지나치게 많거나 적게 먹으면 문제를 일으키곤 하지. 또 고루 먹어야 우리 몸에 필요한 다양한 영양분을 얻을 수 있고 뇌도 잘 자라.

    뇌의 무게는 전체 몸무게의 2% 정도지만 몸 전체에 필요한 에너지의 20%를 사용해. 이 사실만 봐도 뇌가 우리 몸에서 얼마나 중요한 기관인지 알 수 있어.

    뇌의 신경 세포는 태아 때 이미 다 만들어진 뒤 더 이상 늘어나지 않아. 건강하게 살면 100세가 되어도 신경 세포 수는 거의 줄어들지 않지. 하지만 아프거나 다쳐서 신경 세포들이 손상되면 회복하기가 어려워. 무엇보다 신경 세포들의 연결이 잘 이루어져 머리를 잘 쓰려면

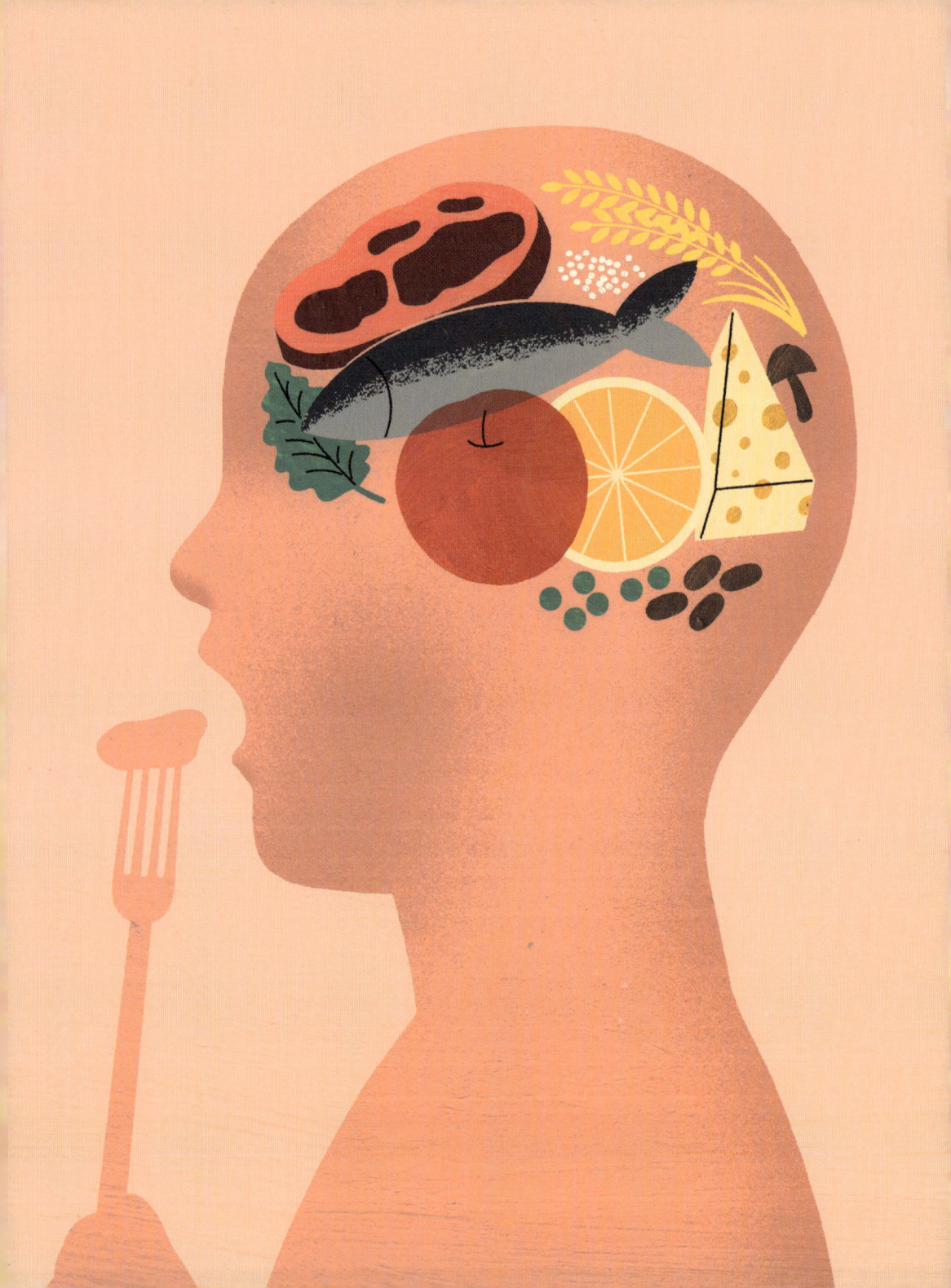

정보를 전달하는 신경 전달 물질의 분비를 돕는 음식을 먹어야 해. 바로 단백질이지. 단백질은 신경 세포 외에도 모든 뇌세포를 이루는 데 가장 중요한 성분이야. 또 지방이 풍부한 음식은 신경 세포들이 서로 연결되어 새로운 회로를 만들거나 손상된 신경 세포를 치료할 때 도움을 줘.

뇌 전체를 움직이는 데 쓰이는 연료는 탄수화물이야. 탄수화물은 소화되는 과정에서 당으로 바뀌어 두뇌를 많이 쓰는 일을 할 수 있도록 도와줘. 생각을 많이 하거나 공부를 열심히 할 때 자꾸만 단것이 먹고 싶어진다면, 뇌에서 연료가 떨어졌다고 신호를 보내는 거야. 단것은 탄수화물 덩어리거든. 그렇다고 무조건 사탕이나 초콜릿을 많이 먹어야 한다는 말은 아니야. 이런 음식을 많이 먹으면 충치를 만들고, 지방으로 변해 몸에 저장되면서 비만의 원인이 돼. 식사만 제때 고루 챙겨 먹으면, 뇌에 필요한 연료인 당이 떨어지는 일은 없을 거야.

청소년기 뇌의 특징

청소년기의 뇌는 80% 정도만 자란 상태야. 하지만 편도체처럼 공포심을 느껴 뇌에 스트레스를 주는 부분은 거의 완성되었지. 그만큼 편도체의 역할이 중요하기 때문이야. 무서움을 느낀 일은 편도체가 옆에 있는 해마를 자극해 오래 기억하도록 만들어. 잘 기억해 두었다가 다음에는 그런 일을 피해 가도록 도와주기 위해서야. 만일 우리 뇌에 편도체가 없다면 두려움을 느끼지 못하고 위험한 일에 뛰어들 거야. 혹은 생명이 위험해지는 것도 모르고, 사고를 당할 수 있어. 하지만 오늘날 우리가 사는 곳은 맹수의 공격만 피하면 되는 원시 사회가 아니기 때문에 오히려 편도체 때문에 피해를 입을 가능성도 있어.

달리는 지하철이 갑자기 멈추었다고 생각해 봐. 10분 정도가 지났는데도 움직일 생각을 하지 않고 어디선가 타는 냄새가 난다면 사람들은 너도나도 탈출하려고 할 거야. 잘못하면 나이 든 사람이나 어린이처럼 힘이 약한 사람들은 크게 다칠 수도 있지. 하지만 이때 전두엽의 신경 회로들이 제대로 작동한다면, 편도체가 만들어 낸 공포심을 억누를 수 있어.

'잠깐, 침착하자. 안내 방송이 나왔으니 불이 난 건 아닐 거야. 어디 고장 난 건가 보지.'

이렇게 생각할 수 있는 것은 전두엽 덕분이야.

대뇌 피질 중 전두엽이 완전히 성장하는 나이는 스물다섯 정도야. 청소년 시기의 전두엽은 아직 미숙하기 때문에 공포심이나 분노 같은 감정을 잘 조절하지 못해서 충동적인 행동을 하기 쉬워.

청소년기의 뇌는 자극에도 아주 민감해. 특히 도파민의 자극이 문제를 일으키는 경우가 많아. 도파민은 뇌가 즐거움을 느낄 때 분비되는 신경 전달 물질이야. 도파민이 분비되면 즐겁고, 무엇이든 하고 싶은 의욕이 생겨. 전두엽의 기능이 약한 청소년기의 뇌는 도파민의 분비를 잘 조절하지 못해. 만일 게임을 하는 동안 도파민이 분비되어 즐거움을 느끼는 일이 자주 반복되면, 더더욱 큰 즐거움을 느끼기 위해 다른 일은 거들떠보지도 않을 수 있어. 그러다 보면 어느새 게임에 중독

된 뇌로 변하고 말겠지.

하지만 다행히도 우리 뇌는 쉽게 변하는 성질이 있어. 게임 횟수를 줄이고 즐거움을 느끼는 다른 일을 찾으려고 노력하면, 중독에서 빠져나올 수 있어.

또 다른 연구에 따르면 도파민은 즐거움뿐만 아니라 두려움을 느끼는 것과도 관계가 있다고 해. 우리가 공포 영화나 귀신의 집을 찾는 이유도 사실은 도파민 때문이야. 공포 영화의 무서운 장면을 보거나 귀신으로 보이는 물체가 앞에 나타나면 편도체는 위기가 닥쳤다고 판단하고 공포를 느끼는 신경 회로를 작동시켜. 이때는 앞을 잘 보기 위해 눈동자도 커지고, 적에게 잡히면 매끄럽게 빠져나가기 위해 온몸에 땀이 솟구치지. 우리 몸은 위기를 벗어나기 위해 엄청난 스트레스를 받는 상태가 되는 거야.

그런데 무서운 장면이 지나가고 귀신도 사라지면 우리 몸은 스트레스를 벗어나 원래의 상태로 돌아가기 위한 신경 전달 물질을 내보내. 이것이 바로 도파민이야. 공포가 지나가고 도파민이 분비되는 순간 행복감이 밀려오면서 자신감이 생기지. 물론 이런 효과는 잠깐이야.

이런 즐거움을 계속 느끼기 위해 약을 먹다가 중독이 되는 사람도 있어. 대표적인 것이 마약이지. 한순간 기분이 좋아지는 약이 있다면 멀리하는 것이 좋아. 금방 중독이 되거든. 약물에 중독된 뇌는 게임에 중독된 뇌보다 회복되기가 훨씬 어려워.

도파민이 적절히 분비되면 기분이 좋아지고 의욕이 생기지만 모자라면 병이 생겨. 몸의 움직임이 느려지고 근육이 떨리다가 점차 온몸이 마비되는 파킨슨병도 도파민 부족이 원인이야. 대부분 뇌에서 도파민을 만드는 부분에 병이 들어서 그렇게 된 거지.

우리의 기억력이 좋아지려면 해마를, 사고력이 좋아지려면 전두엽을 건강한 상태로 만들어야 해. 이를 위해서는 음식을 골고루 먹는 것도 필요하지만 운동도 중요해. 운동은 근육을 단련하고 뇌를 자극해 신경 회로들이 활발히 연결되도록 도와주거든. 또 스트레스를 받아도 잘 이겨 낼 수 있게 해 주기 때문에 해마와 전두엽의 신경 회로들을 건강하게 지킬 수 있어.

마지막으로, 뇌 건강을 지키려면 장을 튼튼히 해야 한다는 것을 기억해야 해. 우리 몸은 모두 연결되어 있어. 지구상에 처음 생물이 나타났을 때는 뇌가 없고, 음식물을 소화해 영양분을 섭취하기 위한 장만 가지고 있었어. 뇌는 장에서 진화되어 나온 기관 중 하나야. 지금도 뇌와 장은 신경 세포들을 통해 서로 정보를 주고받아. 장은 뇌처럼 신경 전달 물질을 만들기도 해. 우리가 스트레스를 받으면 소화가 안 되는 이유도 장과 뇌가 이렇게 서로 연결되어 있기 때문이야. 장에 좋은 과일과 채소, 유산균이 살아 있는 요구르트나 김치 같은 발효 식품을 꾸준히 먹으면 뇌도 튼튼해질 거야.

뇌의 진화를 도와준 동물들

침팬지나 오랑우탄 같은 영장류의 뇌가 인류의 뇌로 진화하기까지 도움을 준 동물들이 있었어.

첫 번째는 곤충이야. 세인트루이스 워싱턴대학교의 연구에 따르면, 영장류는 식량을 구하기 어려운 계절에는 개미, 민달팽이, 그리고 다른 곤충을 잡아먹으며 영양을 보충할 수 있었어. 이런 곤충에는 지방과 단백질이 풍부해 뇌의 발달에 큰 영향을 끼쳤지.

지금도 영장류는 1년 내내 곤충을 잡아먹어. 특히 잘 익은 과일이 부족한 시기에는 곤충을 더 많이 먹지. 하지만 나뭇가지나 나무껍질, 그리고 흙 속에 숨어 있는 곤충을 잡아먹는 것은 과일을 따 먹는 것보다 훨씬 까다로운 일이야. 곤충을 꺼내 먹기 위해서는 손가락을 섬세하게 움직이거나 나뭇가지 같은 도구를 사용해야 해. 이렇게 도구를 사용하면서 영장류의 뇌 속에서 새로운 신경 회로가 만들어지기 시작했어. 어떤 행동을 하기 위해 신경 세포들끼리 연결되어 정보를 주고받는 새로운 신경 회로가 생겨났다는 것은 그만큼 머리가 좋아졌다는 뜻이기도 해.

머리가 좋아진 영장류는 좀 더 본격적으로 도구를 사용하기 시작했어. 예를 들어 달팽이의 몸통을 꺼내 먹기 위해 돌멩이로 껍질을 찧어 부수는 행동을 하게 되었지. 지금도 남아메리카의 코스타리카 지역에서는 달팽이 껍질을 돌로 부수는 원숭이를 볼 수 있대.

100여 년 전까지만 해도 인간만이 도구를 사용한다고 생각했어. 하지만 인류학자 제인 구달이 탄자니아의 밀림에서 도구를 이

도구를 사용하는 침팬지

용해 흰개미를 사냥하는 침팬지를 처음 발견했지. 제인은 침팬지들이 나뭇가지나 풀 줄기를 개미집으로 밀어 넣어 먹이를 잡는 것을 보고 크게 놀랐어. 그때까지 어느 누구도 도구를 사용하는 동물이 있을 것이라고는 생각하지 못했기 때문이야. 놀랍게도 일부 침팬지들은 나무줄기에서 잎을 떼어 내 정성껏 다듬어 사냥 도구를 만들기도 했어.

    침팬지와 인류의 유전자가 겨우 1%만 다르다는 사실이 밝혀진 지금은 침팬지가 간단한 도구를 사용하는 것을 당연하게 생각해. 그리고 영장류가 이처럼 도구를 쓰며 두뇌를 발달시켰기 때문에 인류로 진화할 수 있었을 것이라고 추측하고 있지.

    인류의 두뇌 진화에 도움을 준 두 번째 동물은 뱀이야. 인류의 조상인 초기 포유류는 뱀과 마주치면 거의 살아남을 수 없었어. 뱀은 재빨리 먹잇감의 몸을 칭칭 감아 질식시킨 뒤 냉큼 잡아먹었지. 또 포유류 중에서 영장류처럼 몸집이 큰 동물에게는 독을 주입하는 방법을 쓰기 시작했어. 한 방울의 독이 몸에 퍼지는 순간 영장류는 온몸이 마비되어 고스란히 뱀의 먹이가 되고 말았지.

이때부터 영장류는 뱀이 공격해 오지 않을까 걱정하며 미리 뱀을 발견하기 위해 시각을 발달시켜야 했어. 먹이인 줄 알고 바나나를 잡았는데, 사냥감을 기다리며 움직이지 않고 있던 노란 뱀이라면 정말 큰일이잖아? 게다가 그 뱀이 독사라면, 먹이를 찾으러 다니다 뱀의 먹잇감이 되는 끔찍한 일이 되는 거야.

일부 과학자들은 포유류에서 영장류로 진화할 때 바로 이런 뱀의 공격을 피하기 위해 '두 눈이 앞을 보는 구조'가 되었다고 주장하기도 해. 나뭇잎 사이에 몸을 숨기고 있거나 몰래 다가오는 뱀을 잘 알아채려면, 의심스러운 곳에 두 눈을 집중해서 잘 살펴 보아야 하니까.

마다가스카르의 여우원숭이처럼 독사가 살지 않는 환경에서 진화한 동물은 다른 영장류보다 시력이 좋지 않아. 그만큼 뇌에 입력되는 시각 정보가 적기 때문이지.

반면에, 독사와 싸워 살아남아야 하는 동물은 숨어 있는 뱀을 알아차리기 위해 시각이 점점 발달하면서 그만큼 머릿속에 입력되는 정보도 많아지게 되었어. 이런 정보를 처리하기 위해 뇌의 신경 세포들이 활발히 연결되면, 점점 더 복잡한 신경 회로를 가진 영장류의 두뇌로 진화하는 거지. 이처럼 두뇌가 진화하는 데는 보는 능력이 큰 역할을 했어. 아기들이 기어 다니기 시작할 때 두 눈으로 들어오는 정보를 처리하면서 좌뇌와 우뇌가 균형 있게 발달하는 것만 보아도 시각이 두뇌 진화에 얼마나 중요한지를 알 수 있어.

인류의 조상들은 뱀 덕분에 인류가 발전했다는 것을 너무도 잘 알았던 것 같아. 그래서인지 뱀과 관련된 이야기를 아주 많이 남겼어. 오래전부터 전해 오는 신화 속에는 뱀 덕분에 세상을 지배하게 된 사람도 있어.

아라비아의 자하크 왕은 악마의 저주를 받아 어깨에서 두 마리의 뱀이 자라게 되었어. 이 뱀에게 인간의 뇌를 먹이면 저주가 풀린다는 말을 듣고 그대로 했지만 소용이 없었어. 오히려 뱀은 자하크 왕의 머리 옆에서 더 세게 혀를 쉭쉭거리며 겁을 주었지. 어쩔 수 없이 자하크 왕은 그 후 1,000년 동안 매일 뱀에게 인간의 뇌를 먹이고, 대신 뱀이 주는 힘과 계략을 이용해 아라비아를 넘어 세상을 지배하게 되었다고 해. 좀 끔찍하기는 하지만 인간의 뇌가 발달하는 데 뱀이 관련되었다는 것을 암시해 주는 이야기야.

두뇌 진화에 도움을 준 뱀

3장

뇌과학은 어떻게
발전해 왔을까?
- 뇌 연구의 역사

뇌과학의 시작

고대 중국 사람들은 우리 몸에서 생각을 담당하는 곳이 심장이라고 생각했어. 뇌는 생명을 만드는 골수가 담긴 기관이라고 여겼지. 그리스의 철학자 아리스토텔레스도 뇌가 아니라 심장에서 인간의 지성이 탄생한다고 말하기도 했으니까.

뇌에서 생각과 감정이 비롯된다는 것을 처음으로 주장했던 사람은 기원전 6세기 무렵 그리스의 도시 국가 크로톤에 살았던 알크마이온이야. 알크마이온은 "뇌는 정신 활동이 일어나는 곳이다."라고 주장했어.

그 후 기원전 4세기 무렵 그리스에 살았던 히포크라테스는 뇌에서 인간의 지능이 생겨나고, 뇌가 병들면 온몸을 떨며 발작이 일어날 수 있다고 주장했지. 또 뇌의 왼쪽에 문제가 생기면 신체의 오른쪽에, 뇌

의 오른쪽에 문제가 생기면 신체의 왼쪽에 영향을 끼친다는 사실도 알아냈어. 히포크라테스는 뇌의 문제가 행동의 문제로 이어질 수 있다는 것을 처음으로 밝혀낸 의사야.

그리스의 대표적인 철학자인 플라톤과 아리스토텔레스도 인간의 뇌에 관심이 있었어. 플라톤은 자신의 책에서 "뇌가 있기 때문에 인간은 청각, 시각, 후각 같은 감각을 느낄 수 있다."라고 주장했는데 당시 인체를 해부하던 의사도 알아내지 못한 사실을 철학자가 생각해 냈다는 것이 놀랍지.

플라톤의 제자인 아리스토텔레스도 뇌에 관심이 많았어. 하지만 스승과는 좀 달랐지. 그는 사람이 생각하는 데 필요한 기관은 뇌가 아니라 심장이라고 믿었거든. 심장이 잠시도 쉬지 않고 두근두근 뛰는 이유가 생각을 만들어 내기 위해서라고 믿었던 것 같아. 그리고 뇌는 열심히 일하는 심장의 혈액이 지나치게 뜨거워지지 않도록 식혀 주는 기관이라고 생각했어. 인간은 다른 동물들보다 뇌가 커서 뜨거운 혈액을 잘 식혀 주기 때문에 더 똑똑하다고 주장하기도 했지. 결국 아리스토텔레스 역시 뇌가 어느 정도 생각과 관련 있다고 믿었던 거야.

해부에서 시작된 뇌 연구

1~2세기경 그리스에서 의사로 활약한 갈레누스는 유명한 해부학자였어. 해부와 실험을 통해 의학 연구를 하도록 길을 닦은 사람이지. 갈레누스는 인간의 뇌뿐만 아니라 원숭이, 개, 돼지와 같은

동물의 뇌를 해부해 비교하는 실험도 했어. 그가 쓴 해부학 책은 중세 시대를 지날 때까지 의사들의 교과서로 쓰일 정도였지.

갈레누스는 인체의 구조를 꽤 정확하게 알아냈고, 뇌에 관한 중요한 사실도 많이 발견했어. 대뇌가 감각을 담당하고, 소뇌가 팔다리의 근육을 조절한다는 것, 뇌에서 온몸으로 뻗어 나가는 신경의 종류가 다양하다는 것도 알아냈지. 갈레누스는 뇌에서 나오는 신경을 모두 일곱 가지로 구분했는데, 18세기가 되어서야 인간의 뇌신경이 열두 가지라는 사실이 밝혀졌지. 뿐만 아니라 척수 신경이 뇌와 연결되어 있고, 여러 부분으로 나뉘어 서로 다른 근육과 연결된다는 사실도 알아냈어.

11세기 이베리아 지역(지금의 에스파냐)에 살았던 알 자흐라위는 뛰어난 외과 의사였고, 여러 가지 수술 기구를 발명했어. 그중에는 지금도 쓰일 정도로 기능이 뛰어난 것도 있었지. 또 《의료 방법》이라는 책을 써서 다양한 수술 방법을 소개했어. 찢어진 부위를 꿰맨 뒤 몸 안에서 흔적 없이 녹는 실을 처음 사용하고, 반창고와 붕대를 유럽에 전해 준 사람이기도 해. 그리고 뇌를 다치거나 두개골이 깨진 환자, 뇌에 물이 차는 병에 걸린 환자들에게는 뇌 수술 치료를 했어. 뇌 수술은 환자를 낫게 하는 치료법이기도 하지만, 의사가 사람의 뇌에 대해 하나씩 알아갈 수 있는 중요한 기회이기도 했지.

중세 시대의 뇌 연구

기독교가 지배하던 중세 시대 사람들은 신이 인간의 정신 활동을 지배한다고 믿었어. 그렇기 때문에 '인간의 정신을 지배하는 것이 뇌'라고 주장하는 것은 아주 위험한 일이었어. 신이 만든 인간의 위대한 정신이 뇌처럼 하찮아 보이는 기관에서 생겨난다고 믿는 것은 신을 모독하는 일이었거든. 중세 시대는 지구가 태양 주위를 돈다고 주장하면 벌을 받을 정도로 미신이 지배하던 시대였어.

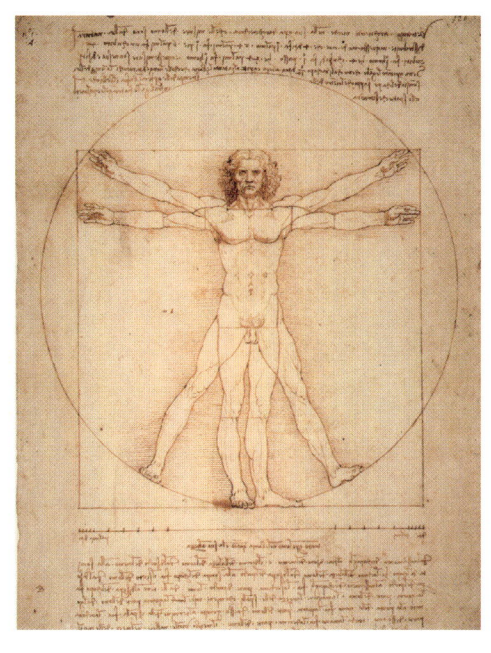

레오나르도 다빈치의 인체 그림

하지만 일부 학자들은 고대부터 전해 내려오는 그리스어와 아랍어로 된 자연 과학 서적을 연구하며 학문을 발전시키고 있었지. 1492년 콜럼버스가 아메리카 대륙을 발견하자 신대륙의 자원이 유럽으로 쏟아져 들어와 세상이 크게 바뀌었지. 특히 지구가 둥글다는 사실이 증명되면서 실험과 관찰을 바탕으로 한 근대 과학이 싹트기 시작했어. 15세기가 지나면서 신이 모든 것의 중심인 기독교적 세계관에서 벗어나 인간을 세상의 중심으로 보는 그리스 시대로 돌아가려는 운동이 일어났지. 바로 르네상스야.

르네상스를 대표하는 인물인 레오나르도 다빈치는 당대 최고의 화가이자 뛰어난 과학자였지. 다빈치는 평면에 3차원의 세계를 표현하는 데 탁월한 능력이 있었어. 정확하고 사실적으로 표현하기 위해 동물이나 인체의 구조를 정확하게 알아야 한다고 생각한 다빈치는 동물과 사람의 신체를 해부하고 그림으로 그리며 탐구했어. 물론 살아 있는 사람을 해부할 수는 없었지. 다빈치는 30여 구가 넘는 시신을 해부한 것으로 알려져 있어. 다빈치는 자신의 연구 성과를 파비아대학교의 해부학자인 마르칸토니오 델라 토레 교수와 함께 출판하려고 했는데, 델라 토레 교수가 세상을 뜨는 바람에 무산되었어. 책으로 나오지 못한 원고와 자료들이 아직도 조금 남아 있는데 아주 정확하고, 예술성이 높다는 평가를 받고 있어.

르네상스 시대의 뇌 연구

르네상스 시대의 의사들은 사람의 몸에 대해 좀 더 정확히 알고 싶어 했고, 해부학은 인기 학문이 되었어. 당시 의학의 발전은 해부학을 바탕으로 이루어졌다고 할 수 있을 정도야. 사실 14세기 중반에 유럽을 휩쓸었던 치명적인 전염병 '페스트'가 지나갈 때부터 해부학에 관심이 높아지긴 했어. 페스트가 지나간 거리에는 시체가 넘쳐 났고, 이때는 교황청에서도 병의 원인을 알아내기 위해 인체 해부를 장려했거든.

르네상스 시대를 대표하는 해부학자는 베살리우스야. 근대 해부학의 시대를 열었다는 평가를 받는 학자지. 다빈치가 인체를 정확하게

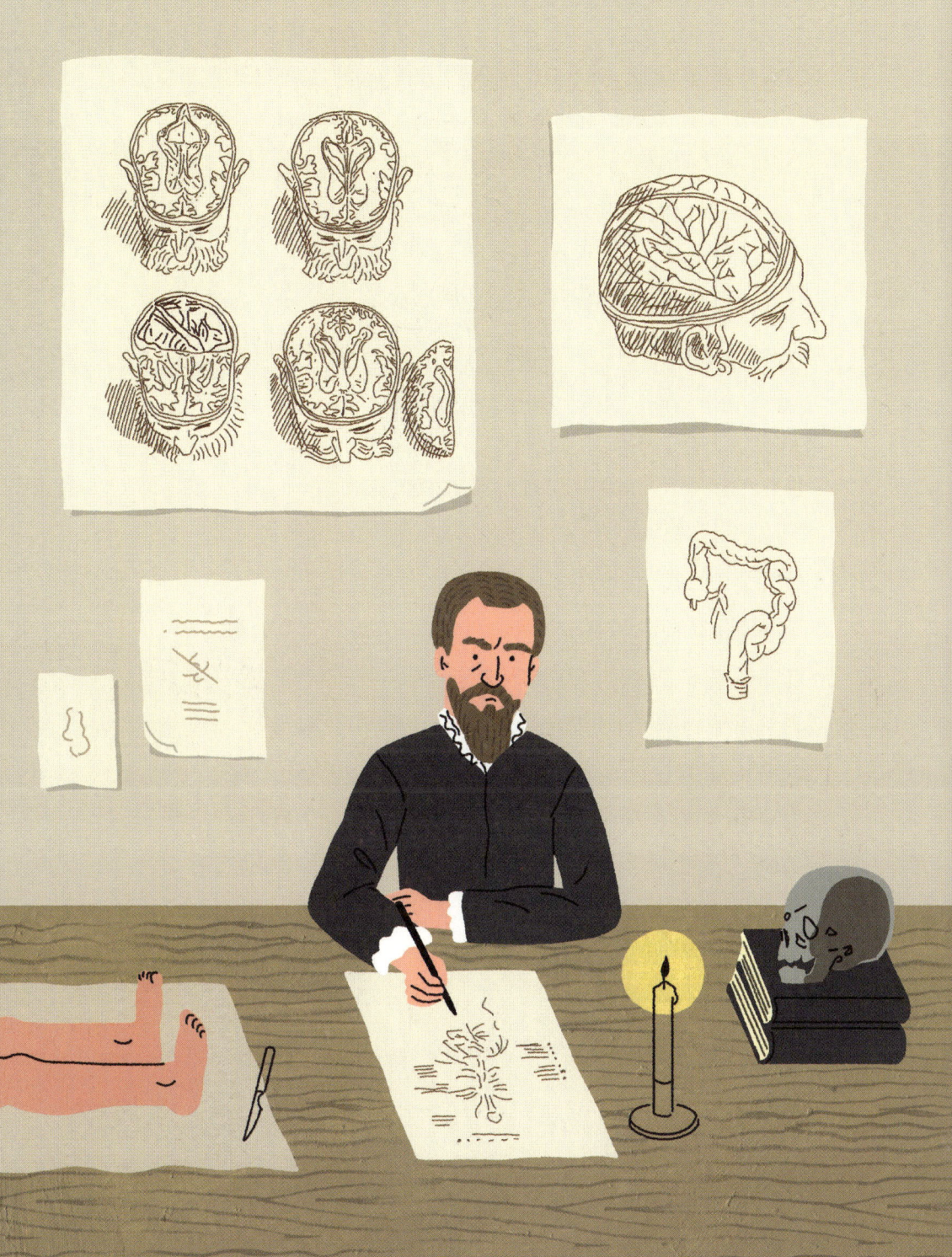

묘사하기 위해 인체를 해부했다면, 의사인 베살리우스는 사람의 생명을 살리기 위해 해부를 통해 인체의 구조를 연구했어. 다빈치가 해부학 책을 무사히 출판해 베살리우스가 그 자료를 볼 수 있었다면, 해부용 시신을 구하느라 애쓰지 않아도 되었을 텐데 말이야. 지금도 그렇지만 당시에도 시신을 구하는 것은 쉬운 일이 아니었어. 심지어 베살리우스는 인체의 뼈 구조를 알아내기 위해 무덤을 파헤치다가 교회로부터 큰 벌을 받을 뻔하기도 했어. 어쨌든 베살리우스는 인체의 구조를 알고 싶다는 열정 덕분에 뛰어난 해부학자가 되었고, 7권으로 이루어진 해부학 책, 《사람 몸 구조에 관하여》를 쓸 수 있었어.

베살리우스는 이 책에서 인체 해부나 수술을 꺼리는 의사들과 교육을 비판했어. 당시에는 칼을 잘 쓰는 이발사를 불러 수술을 시키는 의사들이 많았거든. 또 인체 해부를 꺼렸기 때문에 사람 대신 원숭이나 개를 해부하고 얻은 지식을 인체에 그대로 적용하는 경우도 있었어.

게다가 베살리우스는 그때까지 의사들이 신처럼 떠받들던 고대 그리스 의사 갈레누스의 해부학을 과감하게 비판했어. 갈레누스가 그린 간, 턱뼈, 갈비뼈, 자궁 등의 해부 그림에서 잘못된 곳을 지적하고 바로잡았지. 또 뇌에 대해서도 아주 자세히 관찰했어. 두개골을 제거한 뒤 뇌를 위에서 내려다본 모습과 가로와 세로로 자른 단면도까지 상세히 그려 놓았어. 그 외에도 뇌의 각 기관을 관찰하고 그려서 그동안 사람들이 제대로 알지 못했던 뇌의 복잡한 기능을 어느 정도 알리게 되었지.

베살리우스의 해부학 책이 출간된 1543년은 과학적으로도 아주 의

미가 깊었던 해야. 그해에 코페르니쿠스가 지동설을 주장한《천체의 회전에 관하여》를 출간했거든. 수십 년 후 코페르니쿠스와 같은 지동설을 주장했다는 이유로 갈렐레오가 벌을 받은 것처럼, 베살리우스도 1,000년이 넘도록 칭송받아 온 갈레누스를 비판했다는 이유로 많은 의사들의 미움을 받아야만 했어. 하지만 용기 있는 이 두 과학자의 노력으로 근대 과학이 시작되었지.

신경 세포의 발견

17세기에 들어서자 사람들은 뇌에 대해 많은 것을 알게 되었어. 뇌가 온몸과 연결되어 있다는 사실도 인정되었지. 프랑스의 철학자 르네 데카르트는 1642년에 《인간론》이라는 책에 이런 그림을 실었어.

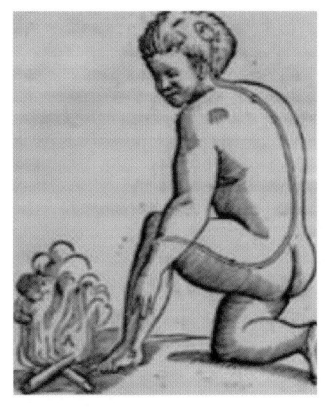

《인간론》에 실린 그림

불 가까이에 다리를 가져갔더니 뇌까지 연결된 선을 통해 뜨거움이 전해진다는 뜻이야. 이 연결선이 끝나는 부분은 솔방울 모양으로 생긴 '송과체'야. 송과체는 멜라토닌이라는 호르몬이 분비되는 기관인데, 인체의 기능을 시간의 흐름에 맞게 조정하는 일을 해. 비록 연결선이 엉뚱한 곳에서 끝나긴 했지만, 피부라는 감각 기관이 뇌와 연결되어 뜨거움을 느끼는 신경 체계가 잘 표현되어 있어. 이 선이 뇌에서 척수로 이어지는 신경을 지나도록 표현한 것도 꽤 정확해.

뇌와 몸의 연결을 발견한 윌리스

1664년에는 영국의 의사 토머스 윌리스가 《뇌의 해부학》이란 책을 출간했어. 윌리스는 이 책에서 처음으로 '신경학'이라는 용어를 사용했지. 이 때문인지 지금도 서구에선 '뇌과학'이란 말을 잘 쓰지 않아. 대신 '신경 과학'이나 '신경학'이란 말을 더 많이 사용해.

윌리스는 뇌를 해부하고 나서 온몸이 뇌를 중심으로 연결되어 있다는 중요한 발견을 했어. 그리고 뇌가 인체의 다른 어떤 기관보다도 많은 혈액이 필요한 기관이란 것도 알아냈지. 윌리스는 혈액 속에 돌아다니는 찌꺼기가 뇌의 혈관을 막으면, 몸의 다른 부위가 마비되거나 발작을 일으킨다는 사실도 밝혀냈어.

신경 속의 신경 세포들이 전기 신호로 정보를 주고받는다는 사실을 처음으로 관찰한 사람은 이탈리아 생리학자 루이지 갈바니야. 1791년 갈바니는 개구리로 실험을 하다가 신기한 경험을 했어. 금속 접시 위에 놓인 개구리의 다리를 자르려고 칼을 갖다 대었더니, 죽은 개구리 다리의 근육이 부르르 떨렸어.

갈바니는 전기뱀장어처럼 개구리도 몸속에 전기를 만드는 기능이 있는 거라고 추측했어. 칼을 대자 개구리 다리 속에 있던 전기가 자극

을 받아 흐르면서 근육이 경련을 일으켰다고 본 거야. 그런데 사실은 그 때문이 아니었어. 축축한 개구리를 사이에 두고, 금속 접시와 또 다른 금속인 칼이 서로 전자를 주고받으면서 만들어 낸 전기가 원인이었지. 이 전기가 개구리 다리의 신경에 신호를 주어 근육을 움직이게 만든 거야. 아무튼 이 일은 신경이 전기 신호로 정보를 주고받는다는 사실을 깨닫는 계기가 되었지.

19세기에 들어서자 두개골의 모양을 관찰해 성격을 알아낼 수 있다고 주장하는 사람들이 나타났어. 이 사람들은 자신의 주장을 '골상학'이라고 불렀지만, 애매한 추측이 모인 유사 과학이었어. 이런 유사 과학이 유행할 수 있었던 이유는 뇌가 성격을 지배할 만큼 중요한 역할을 한다고 사람들이 믿기 시작했기 때문이야.

신경 세포의 염색법을 발견한 카밀로 골지

1890년대 이탈리아의 내과 의사인 카밀로 골지는 뇌가 생각을 만들어 내는 과정을 애매하게 추측하지 않고, 눈으로 확인할 수 있는 길을 열었어. 보통 해부학자들은 뇌의 겉모습을 정확히 관찰하려고 한 데 비해 골지는 뇌를 이루고 있는 세포에 관심이 많았어. 그는 아무리 정교하게 해부를 해도 보기 어려운 뇌의 신경 세포들을 관찰하고 싶었지. 연구와 실험을 거듭한 끝에 그는 뇌의 신경 세포만 염색할 수 있는 방법을 알아냈어. 골지가 개발한 염색약은 신기하게도 신경 세포의 단백질에만 달라붙었거든.

카밀로 골지

골지의 특수 염색 기술은 산티아고 라몬 이 카할이라는 또 다른 의사가 신경 세포 연구에 뛰어들도록 만들었어. 그는 골지의 방법으로 신경 세포를 염색한 뒤, 당시 개발된 정밀한 현미경으로 관찰해 뇌 신경 세포를 그림으로 그렸어. 이 그림은 세포체를 중심으로 뾰족뾰족 튀어나온 가지 돌기와 밧줄처럼 늘어진 축삭 돌기를 정확하게 보여 주었지. 라몬 이 카할은 신경 세포의 모습에서 힌트를 얻어 '밧줄'을 뜻하는 그리스어인 '뉴런'이라고 이름을 붙였어. 덕분에 오늘날 우리는 신경 세포를 뉴런이라고 부르게 된 거야.

라몬 이 카할은 신경 세포를 관찰하는 과정에서 중요한 사실을 알게 되었어. 신경 세포의 돌기들끼리 서로 붙어서 신경망을 이룬다고 한 골지의 주장과는 달리, 신경 세포들이 각각 떨어져 있다는 것이었지. 그런데 당시의 현미경으로는 두 사람 중 누가 맞는지 정확히 관찰하기 어려웠어. 어쨌든 두 사람은 신경을 이루는 신경 세포를 발견한 공로로 1906년 노벨 생리의학상을 함께 받았어.

고대 그리스의 히포크라테스부터 르네상스 시대 레오나르도 다빈치에 이르기까지 많은 사람들이 뇌에 대해 관심을 보이기는 했지만, 뇌가 어떻게 제 기능을 하는지를 정확히 알아낸 사람은 없었어. 하지만 19세기에 신경 세포가 발견된 뒤부터는 그것을 알아낼 실마리가 보이기 시작했어.

이에 힘입어 19세기 후반부터는 뇌만 연구하는 연구소가 하나둘씩 생겨났어. 20세기에 들어서자 신경 세포들의 활동을 잘 관찰할 수 있게 해 주는 뛰어난 현미경과 촬영 장치가 발명되었고, '신경과학', 즉 '뇌과학'은 하나의 학문으로 자리 잡게 되었어.

산티아고 라몬 이 카할

뇌과학을
발전시킨 기술

20세기에 들어서자 드디어 인류는 뇌의 비밀을 풀기 위해 칼을 들고 시신을 해부하지 않아도 되는 방법을 찾아냈어.

우리 몸속을 훤히 들여다보는 사진을 가장 먼저 찍은 사람은 독일의 물리학자 빌헬름 뢴트겐이야. 1895년 뢴트겐은 실험실에서 우연히 두꺼운 검은 종이로 가려도 통과해 지나가는 이상한 광선을 발견했어. 그는 알 수 없는 광선이라는 뜻으로 'X선'이라고 이름 붙였지.

뢴트겐은 실험실을 찾아온 아내의 손을 X선으로 통과시켜 보았어. 그러자 화면에는 아내 손의 뼈와 굵은 반지만 검게 나타났지. X선이 살만 통과하고 뼈를 통과하지 못해 이런 현상이 일어난 거야.

울퉁불퉁한 뼈가 오롯이 모양을 드러내는 X선 사진은 사람들에게 충격을 주긴 했지만 인류에게는 더 없는 축복이었어. 1901년 뢴트겐은

X선을 발견한 공로로 첫 번째 노벨 물리학상을 받았어. 그리고 노벨상 상금 전액을 대학에 기부했어.

"내 발견은 인류의 것이지, 한 개인의 이익을 위한 것이 아니다."

이후 X선은 뢴트겐의 바람대로 과학과 의학의 발전에 큰 기여를 했어. 방사능을 발견하는 길을 열어 방사선 치료를 받을 수 있게 했고, 환자의 몸에 박힌 총알을 찾아내기도 하면서 많은 목숨을 구했지.

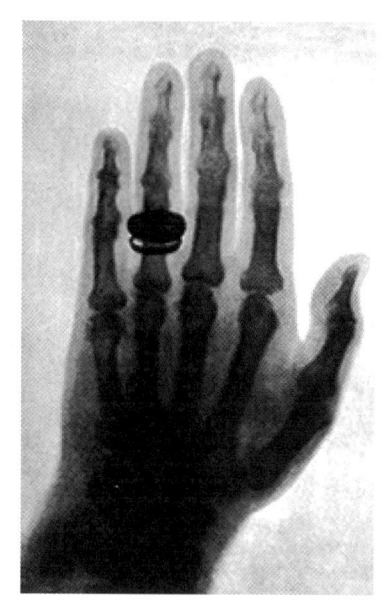

뢴트겐이 찍은 X선 사진

CT와 MRI의 발명

X선 사진이 컴퓨터 기술과 만나자 두개골 속에 들어 있는 뇌를 입체적으로 볼 수 있게 되었어. 바로 컴퓨터 단층 촬영법(Computed Tomography)인 CT의 발명 덕분이야.

1970년대부터 사용되기 시작한 CT 기술은 X선을 여러 방향에서 통과시켜 촬영한 사진을 컴퓨터가 합성하는 거야. 신체의 부위 중 필요한 곳을 찍을 수 있기 때문에, 뇌의 구조를 알아보기에도 적합했어.

기술의 발전은 계속되었지. 과학자들은 CT처럼 뇌 속을 들여다보면서도 방사선에 노출되지 않는 촬영법을 개발했어. 바로 자기 공명 영

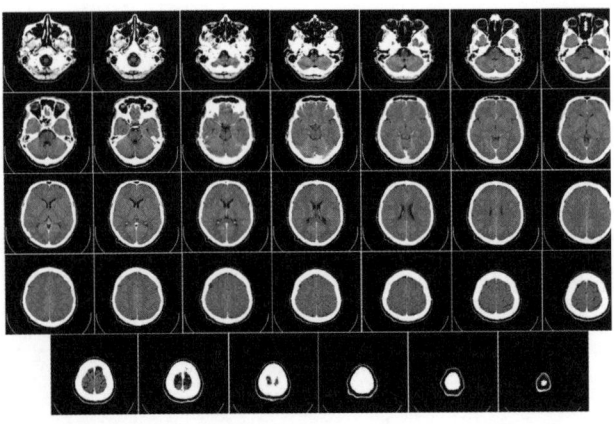

뇌 CT

상법(Magnetic Resonance Imaging)인 MRI야. 자석이 부착된 커다란 통으로 인체가 들어가면, 자석의 자기장이 몸에 있는 수소와 반응하면서 내보내는 신호에 따라 기록한 사진이지. 각 조직에서 나오는 신호가 다르기 때문에 이를 컴퓨터로 재구성하면 CT에서 잘 보이지 않던 부위를 더 정확하게 확인할 수 있어.

CT는 주로 뇌를 가로로 자른 영상만을 보여 주지만, MRI는 환자의 자세를 이리저리 바꾸어 보다 다양한 영상을 찍을 수 있어. 그런데 여기서 한 걸음 더 나아가 기능적 자기 공명 영상법(Functional Magnetic Resonance Imaging)인 fMRI라는 장비까지 생겨났어. 이 장치는 뇌 속에서 혈액이 흐르는 양을 한눈에 볼 수 있어서 뇌의 어떤 부위에 혈액이 많이 흐르는지를 알 수 있지. 이 장치 덕분에 우리가 어떤 행동을 할 때 뇌의 어느 부위가 활성화되는지 살펴볼 수 있어.

fMRI는 MRI로 찍은 사진을 분석하는 컴퓨터 소프트웨어가 발전해서 생겨난 기술이야. 방사선에 노출될 염려가 없기 때문에 오랫동안 촬영할 수 있지.

또 기쁜 일을 생각할 때와 화나는 일을 생각할 때 각각 뇌의 어떤 부위가 반응하는지도 관찰할 수 있어. fMRI 덕분에 인간이 생각하고 감정을 느낄 때 뇌가 어떤 식으로 활동하는지에 대한 비밀이 풀려 가는 중이야. 아마도 가까운 미래에는 범인을 조사할 때 거짓말 탐지기 대신 fMRI를 이용하게 될지도 몰라. 뇌의 어떤 부위가 거짓말할 때 특별한 반응을 보이는지를 찾아내는 연구가 진행 중이거든.

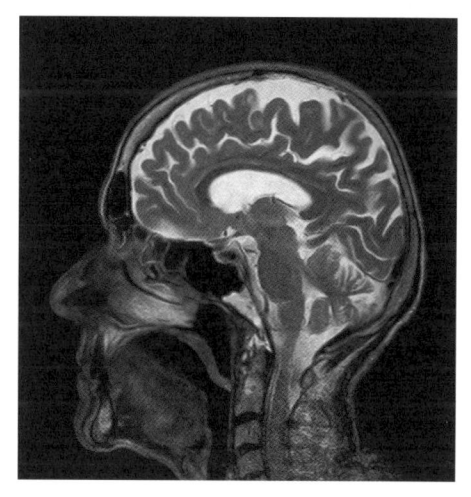

뇌 MRI

뇌를 촬영하는 다양한 장비들

이렇게 자기장이나 방사선으로 뇌에 자극을 주고, 그 반응을 사진으로 담아내는 기술 말고, 모자 하나만 쓰면 뇌의 활동을 알 수 있게 해 주는 간단한 검사 도구도 있어. 바로 뇌파 검사라고도 부르는 EEG(Electroencephalogram)야.

EEG용 모자에는 여러 개의 전극이 연결되어 있어. 이 전극들은 대뇌 피질의 신경 세포들이 정보를 주고받을 때 만들어지는 미세한 전기 신호를 감지해 컴퓨터로 보내지. 컴퓨터는 이 신호를 받아 뇌의 상태를 나타내는 영상으로 만들어. 수면 상태나 감정의 변화를 알아볼 때, 또는 발작이 있을 때 검사용으로 많이 쓰여. 다른 검사에 비해 장비나 검사 과정이 간단하기 때문에 훈련이나 교육을 받을 때 뇌 기능을 알아보기 위해서도 이용되고 있어.

　뇌를 촬영하는 장비들은 뇌에 생긴 질병을 찾아내는 데 큰 도움을 주지. 우리가 마음의 질병이라 부르는 조현병도 뇌 사진을 찍어 진단할 수 있어. 조현병 환자들의 뇌를 fMRI로 찍으면 일반인과 다르게 움직이는 것을 알 수 있거든.

　우리는 이제 뇌의 어떤 부위에 문제가 있는지도 알 수 있게 되었고 치료 방법도 찾게 되었어. 뿐만 아니라 뇌를 촬영하는 첨단 장치는 우리 뇌를 이루는 수많은 영역들이 서로 어떤 관계를 맺으며 활동하는지도 하나 둘씩 밝혀 주었지. 뇌과학은 과학의 힘으로 뇌의 비밀을 완전히 알아내는 날까지 계속 발전하게 될 거야.

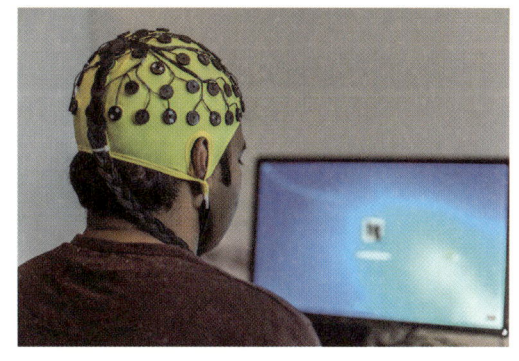

EEG 검사

거짓말하는 뇌를 찍는 사진

동화 〈피노키오〉에서는 주인공이 거짓말을 하면 코가 길어져. 현실에서 그런 일이 일어난다면, 사람들은 저마다 긴 코를 축축 늘어뜨리고 돌아다니겠지. 거짓말을 해도 동화처럼 코가 길어지지 않는 것은 참 다행이기는 해. 하지만 가끔 우리가 거짓말을 하는 것이 드러났으면 하고 생각할 때도 있어. 특히 범인을 찾기 위해 수사를 할 때지.

이런 안타까움 때문에 만든 기계가 범죄 수사에서 참고 자료로 이용하는 '거짓말 탐지기'야. 보통 사람들은 거짓말을 하면 들키지 않을까 두려워해. 그래서 호흡이 불안해지고, 긴장해서 땀을 흘려. 바로 이 땀 때문에 피부에 흐르는 전류의 저항도 달라지지. 물론 혈압과 맥박에도 변화가 생겨. 거짓말 탐지기는 이런 변화를 관찰해 조사받는 사람이 거짓말을 하고 있는지 아닌지를 판단하는 기계야.

하지만 조사받는 사람이 거짓말에 대해 전혀 죄책감을 못 느끼고, 들킬까 봐 두려워하는 마음도 없는 사이코패스라면 거짓말 탐지기로 조사를 해도 잡아내지 못해. 반대로 범죄를 저지르지 않았지만 검사를 받는 사실만으로도 불안을 느끼는 사람이라면, 괜히

호흡과 맥박이 빨라져 잘못된 결과가 나올 수 있어. 그렇기 때문에 거짓말 탐지기로 조사한 결과는 정식 증거로 채택하지는 않고 참고만 할 뿐이야.

과학자들은 거짓말 탐지기보다 더 나은 방법을 찾다가 거짓말하는 사람의 뇌를 사진으로 찍는 방법을 생각해 냈어. 아무래도 거짓말을 할 때는 솔직할 때보다 더 많은 생각을 해야 할 거야. 생각을 하면 뇌 속의 신경 세포들이 활발하게 서로 신호를 주고받거든. 신경 세포는 0.1볼트의 전기를 시속 480킬로미터의 속력으로 전달하면서 신호를 주고받아.

신경 세포들이 활동하면 영양을 공급하고 노폐물을 거르기 위해 주변 혈관에 혈액이 더 많이 흐르게 돼. fMRI 기계는 이런 혈액의 흐름을 잘 추적해서 신경 세포들이 특별히 활발하게 연결되는

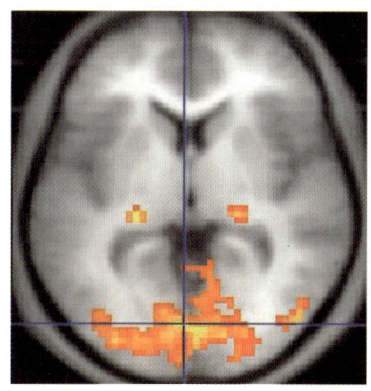

거짓말하는 뇌 fMRI

부분을 사진으로 찍어 낼 수 있어. 이 기계에는 뇌 혈관을 흐르는 혈액 속의 산소량을 측정하는 장치가 있는데, 만약 어떤 부위의 신경 세포들이 활발히 연결돼 혈액이 몰리면 이곳에 있는 혈관 속에는 산소량도 늘어나기 때문에 색깔이 달라져 보이지.

　fMRI를 이용한 연구 결과, 치매나 자폐증 환자의 뇌에서 몇몇 곳이 정상인에 비해 약하다는 것이 밝혀졌어. 여기서 더 나아가 과학자들은 우리가 기억을 하거나 거짓말을 할 때 뇌의 어떤 부위에서 작은 전기 불꽃이 튀는지를 알아내려 하고 있어.

　예를 들어 우리가 거짓말을 하면 전두엽의 일부가 특히 활성화돼. 만일 fMRI를 찍었을 때 전두엽의 일부가 다른 색으로 빛난다면, '거짓말하는 중'인 것을 알 수 있다는 말이지. 영국의 정신과 의사 숀 스펜스는 논문에서 우리가 거짓말을 할 때에는 전두엽에서 행동을 억제하고 조절하는 영역이 활성화된다고 주장했어. 아무래도 거짓말을 하려면 참말을 하고 싶은 마음을 억눌러야 하니까.

　그런데 아직은 fMRI로 거짓말하는 사람을 완벽하게 가려낼 수는 없어. 그 이유는 전두엽이 너무 많은 일을 담당하고 있기 때문이야. 기억이나 계산도 하고 의사 결정도 해. 또 말을 하거나 감정을 느끼고 조절하는 일에도 관여하지. 따라서 이 부분이 다른 색깔로 빛난다고 해서 반드시 거짓말을 한다고 단정짓기는 어렵지.

　이외에도 fMIRI가 거짓말을 정확하게 가려낼 수 없는 이유는 또 있어. fMRI는 뇌 속 혈관에 흐르는 혈액의 흐름을 측정하는 기계라는 거야. 그래서 조사받는 사람이 혈압 약이나 혈관 치료제 같은 것을 복용하고 있으면 올바른 결과를 얻기 힘들어. 심지어 검사를 하는 동안 다른 생각에 집중하거나 엉뚱한 기억을 떠올려 거짓말을 담당하는 영역이 활성화되지 않게 하는 속임수를 쓸 수도 있거든.

  이런 이유 때문에 2010년 미국의 한 법정에서 변호인이 증인의 fMRI 사진을 제출했지만, 증거로 채택되지 않았어. 변호인은 증인의 뇌를 찍은 사진이 진실을 입증할 수 있다고 주장했지만, 재판관은 오히려 배심원들에게 혼란을 줄 수도 있다고 판단했거든. 그러나 계속해서 뇌과학이 발전한다면 fMRI 사진을 증거로 쓸 수 있을 때가 올 거야.

4장

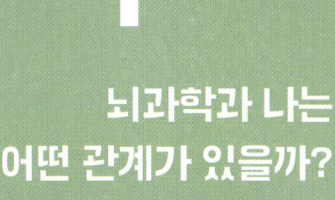

뇌과학과 나는 어떤 관계가 있을까?
- 뇌와 기억

뇌는 나의 모든 것

1966년 미국인 찰스 휘트먼은 총기로 많은 사람들의 목숨을 빼앗는 사건을 일으켰어. 그는 유서에서 자신의 뇌를 부검해 달라고 했지. 자신도 모르게 자꾸 누군가를 죽이고 싶어지는 건 뇌에 문제가 있기 때문인지 모른다고 말이야.

그의 유언대로 뇌를 부검하자 편도체에 동전만 한 혹이 보였어. 편도체는 공포를 느끼거나 공격하고 싶은 충동이 일어나게 하는 부분이야. 뇌 속 깊은 곳에 숨어서 항상 예민하게 반응하지.

뇌에 생기는 문제들

인류는 오래전부터 동물이나 적에게 두려움을 느끼고 도

망가거나 공격하면서 살아남았어. 아마도 편도체가 제대로 반응하지 않았다면 멸종되었을지도 몰라. 하지만 이런 편도체가 너무 예민해지면 우리 몸이 견디지 못해. 이때 편도체의 지나친 활동을 억누를 수 있는 건 전두엽인데, 휘트먼은 편도체가 병들었기 때문에 전두엽에서 보낸 신호를 제대로 받기 어려웠고, 뇌가 멈추지 않고 계속 공포를 느꼈던 거야.

이 사건에서도 알 수 있지만, 뇌에 문제가 생기면 다른 사람이 될 수 있어. 어린 시절부터 모범생으로 자란 휘트먼이 갑자기 잔인한 범죄자가 된 것처럼 말이야. 뇌에 조그만 문제가 생겨도 전혀 다른 사람이 되는 이유는 뇌 속의 신경 회로에 영향을 주기 때문이야. 컴퓨터로 말하면, 프로그램이 바뀐 것과 마찬가지지.

우리는 눈이나 간, 신장 같은 장기가 병들면 다른 사람의 것을 이식받기도 해. 하지만 아직까지 뇌를 이식받은 사람은 없어. 1971년에 원숭이의 머리 전체를 이식하는 수술이 성공하기는 했어. 수술 후 머리가 바뀐 원숭이들 중 한 마리는 3일이나 살아 있었어. 이 수술에 성공한 의사는 앞으로 의학 기술이 발달하면, 전신 마비 환자도 새로운 몸을 얻어 수십 년은 더 살 수 있을 것이라고 주장했어. 뇌 기능만 정상이면, 뇌사 환자의 안구나 심장을 기증받듯이 몸 전체를 기증받아 이식 수술을 하면 된다는 말이었지.

뇌사 환자는 뇌 기능이 정지되었기 때문에 심장이 뛰고 몸의 다른 곳은 살아 있지만 마치 죽은 사람처럼 아무것도 할 수 없어. 의식이 없는 대뇌는 좋고 싫은 감정을 느끼지 못하므로, 어떤 행동을 할지 명령을 내리지도 않아. 특히 뇌간에 문제가 생겨 소화 기능이 정지하면, 음식물을 호스로 위에 넣어 주어도 소화시키지 못해. 결국 몸에 영양분이 부족해 죽음에 이르게 되지.

이처럼 내가 누구인지를 알고, 나로서 살아간다는 것은 대뇌가 제 기능을 하고 있다는 뜻이야. 뇌가 의식을 만들고, 깨어 있어야만 나는 나로 살아갈 수 있어.

우리는 분홍 리본을 볼 때 '사랑스럽다', '촌스럽다', '따뜻하다' 등 저마다 다른 느낌을 가지잖아? 그리고 떠올리는 기억도 저마다 달라. 엄마가 사 준 티셔츠나 친구의 원피스가 떠오를 수도 있고, 어제 실수로 부러뜨린 크레파스와 같다고 느낄 수도 있어. 이처럼 같은 물건이라도 그것을 바라보고 해석하는 뇌에 따라 기억도 달라져. 이 세상의 어떤 뇌도 똑같은 뇌는 없어. 태어나고 자라면서 경험한 일들이 저마다 다르기 때문에 뇌에 담긴 의식도 제각각으로 자라는 거야.

뇌의 주인

캐나다의 심리치료사인 바버라 애로스미스 영은 어린 시절 겉모습만으로는 아무런 문제가 없는 여자아이였어. 하지만 뇌 기능 장애로 균형을 잡지 못해 자주 넘어졌지.

학교에 입학한 뒤에야 영은 자신이 문장을 이해하고 논리적인 사고를 할 수 없는 학습 장애아란 사실을 알게 되었어. 영은 '엄마의 삼촌'과 '삼촌의 엄마'가 왜 다른지 이해할 수 없었지. 대신 기억력은 아주

좋았기 때문에 책 한 권을 통째로 줄줄 외울 수 있었어. 영은 선생님들로부터 '천재적이지만 학습 능력이 부족한 아이'라고 평가받았지.

다행히도 영은 장애를 극복하려는 의지가 뛰어났어. 자신이 가진 학습 장애를 이기기 위해 스스로 프로그램을 만들어 훈련했지. 수도 없이 반복해서 훈련한 끝에 계산을 할 수 있게 되었고 문법도 이해할 수 있었어. 덕분에 뛰어난 기억력에 이해력까지 갖추었고, 전보다 훨씬 감정을 잘 조절하고 계획을 세울 수 있는 사람이 되었지. 그리고 학습장애아들을 치료하는 교사가 되었어.

영의 경우를 보면 알 수 있듯이 뇌의 위대한 점은 뇌 스스로 자신의 부족함을 깨닫고 개선하기 위해 계획을 세우는 기능을 갖고 있다는 사실이야. 그리고 뇌 스스로 의식을 바꾸어 뇌의 주인인 나를 다른 사람으로 거듭나게 할 수도 있지.

하지만 이런 훌륭한 기능도 뇌가 건강할 때만 가능해. 뇌를 심하게 다치거나 뇌에 병이 들면 의식은 점점 흐릿해지고 급기야는 가족을 알아보지 못하기도 하고 스스로 옷을 입고 밥을 먹는 일도 할 수 없게 돼. 결국 뇌가 고장 나면 나는 더 이상 예전의 내가 아니야. 뇌는 나의 거의 모든 것이라고 할 수 있지.

뇌의 병,
마음의 병

 사랑하는 가족이 세상을 떠나면 누구나 마음이 찢어질 듯 아파. 몸의 어딘가를 한 대 맞은 것보다 더 아픈 것은 왜일까? 뇌에 대한 연구가 그 비밀을 밝혀냈어.
 정신적인 스트레스를 받았을 때 뇌에서 자극을 받는 곳이 몸을 부딪치거나 다쳤을 때 자극받는 곳과 같다는 거야. 마음의 병은 스트레스를 심하게 받아 생길 수도 있고, 뇌가 병들거나 다쳐서 생길 수도 있어. 이처럼 뇌와 마음은 떼려야 뗄 수 없지. 그 이유는 기쁨이나 슬픔과 같은 감정 중 어떤 것을 느낄지를 뇌가 결정하기 때문이야. 뇌의 신경 회로들이 특수한 신경 전달 물질의 자극을 받아 기쁨을 느끼도록 작동해야 기분이 좋아지는 것이고, 이와 다른 방향으로 작동하면 슬픔이나 분노와 같은 감정을 느끼게 되거든.

뇌와 마음

　사이코패스 범죄자들의 뇌를 MRI로 찍어 보면, 뇌의 문제가 마음의 문제로 이어진다는 것을 알 수 있어. 2016년 캐나다에서 이루어진 연구에 따르면, 범죄자들의 뇌는 동정심과 죄책감 같은 감정을 처리하는 부분이 다른 사람들에 비해 쪼그라들어 있었대. 그러니까 잔인한 범죄를 저지르면서도 피해자가 불쌍하다거나 자신이 잘못하고 있다는 감정을 느끼지 못한 거야.

　우리가 어떤 행동을 하는 것은 그것을 '하고 싶다'는 감정을 느꼈기 때문이야. 사이코패스가 범죄를 저지르는 것도 그런 행동을 했을 때 즐거움을 느끼는 회로가 작동했기 때문이야. 보통 사람이라면 죄책감을 느끼는 신경 회로가 작동했을 텐데 말이야.

　어떤 일을 할 때 결과가 예상보다 좋으면 뇌는 보상받았다고 판단하고, 도파민이라는 신경 전달 물질을 분비시켜 기쁨을 느끼는 신경 회로를 작동시켜. 이 회로에 불이 들어오는 순간 우리는 기분이 좋아지고 더 잘하고 싶은 의욕이 생기지. 결국 우리 뇌는 그 일이 좋은지 나쁜지를 판단하기 전에 도파민을 많이 분비시켜 보상받는 느낌을 주는 일부터 하려고 해. 앞에서 예로 든 사이코패스 범죄자가 그런 경우이고, 게임 중독자도 마찬가지야.

　공부나 일을 하기 싫을 때 게임을 하면 정말 신나지? 공부는 열심히 한다 해도 성적이 당장 올라가지 않는데 게임은 별로 노력하지 않았는데도 레벨이 올라가고 캐릭터도 쑥쑥 성장하니까. 힘든 순간을 넘기면 성적도 노력한 만큼 올라갈 테지만, 그때까지 꾸준히 공부하기란 쉽

지 않아. 그에 비하면 게임은 시작한 지 10분 만에 별로 기대하지도 않았던 좋은 결과를 안겨 줄 때도 있어. 점수가 올라가고 아이템을 얻을 때마다 뇌는 보상받았다고 느끼고 도파민을 듬뿍 분비해. 마음은 달콤한 기쁨으로 넘치지. 앞에서도 말했지만, 우리 뇌는

모바일 게임

게임과 공부 중 무엇이 더 중요한지 판단하기 전에 도파민을 많이 분비하는 행동을 선택하려고 해. 그러니까 자기도 모르게 게임에 빠져들고 만다는 이야기야.

다행인 것은 인간의 뇌에는 발달한 전두엽이 있어. 전두엽에서는 공부를 하지 않고 게임만 했을 때 맞이할 미래를 떠올리고, 도파민을 억제하는 신경 전달 물질을 분비해. 그러면 우리는 더 나은 미래를 위해 필요하다고 생각되는 공부를 시작하지. 그런데 공부를 할 때는 당장 보상이 없으니 도파민이 분비되지 않아서 공부가 지루하고 재미없게 느껴져.

이럴 때는 공부를 게임처럼 해보는 것도 좋아. 단어 하나를 외우고 문제 하나를 풀 때마다 스스로에게 점수를 주는 거야. 문제집 열 장을 다 풀고 이해할 때마다 레벨을 올려 주는 것도 좋고. 물론 레벨이 올라갈 때마다 스스로에게 보상을 주는 것도 잊지 말아야지.

뇌와 중독

우리가 마약이라고 부르는 약물들도 대부분 도파민 분비를 촉진하는 것들이야. 도파민이 분비되면 뇌는 뜻밖의 보상을 받았다고 느끼기 때문에 계속해서 약물을 더욱 원하게 돼. 뇌는 보상을 받았다고 느끼는 순간 그것이 자신에게 유익한 것이라고 판단하기 때문에 게임이든 마약이든 자극을 자꾸만 즐기려고 해. '중독'이라는 덫에 걸리고 마는 거야.

중독은 뇌가 도파민을 분비하게 만드는 자극에 집착할 때 발생해. 같은 냄새를 계속 맡으면 무디어지듯이 같은 도파민 양으로는 기쁨을 느끼는 신경 회로를 점점 자극하기 어려워져. 그럴수록 뇌는 도파민이 더 많이 분비되도록 더 많은 게임과 더 많은 약물을 원하게 되는 것이지.

일단 무엇인가에 중독이 되면, 혼자서 빠져나오기 힘든 어두운 동굴에 갇혔다고 보면 돼. 그러니까 그 안에서 혼자 괴로워하지 말고 주변에 도움을 청해야 해. 우리 뇌의 신경 세포들은 늘 새로운 환경에 맞추어 새로운 연결을 만들려고 하기 때문에 치료를 받으면 중독과 관련된 신경 회로를 끊어 내고 뇌를 건강한 상태로 회복할 수 있어.

이처럼 도파민은 중독을 만드는 원인이자 의욕을 불러일으키는 원인이야. 특히 이익이 되는 행동을 했다고 판단될 때 도파민으로 기쁨을 느끼기 때문에 누가 시키지 않아도 그 일을 다시 하는 거야. 하지만 도파민이 부족해지면 기쁨을 느끼기 어렵기 때문에 어떤 일에도 흥미가 생기지 않고 귀찮기만 하지.

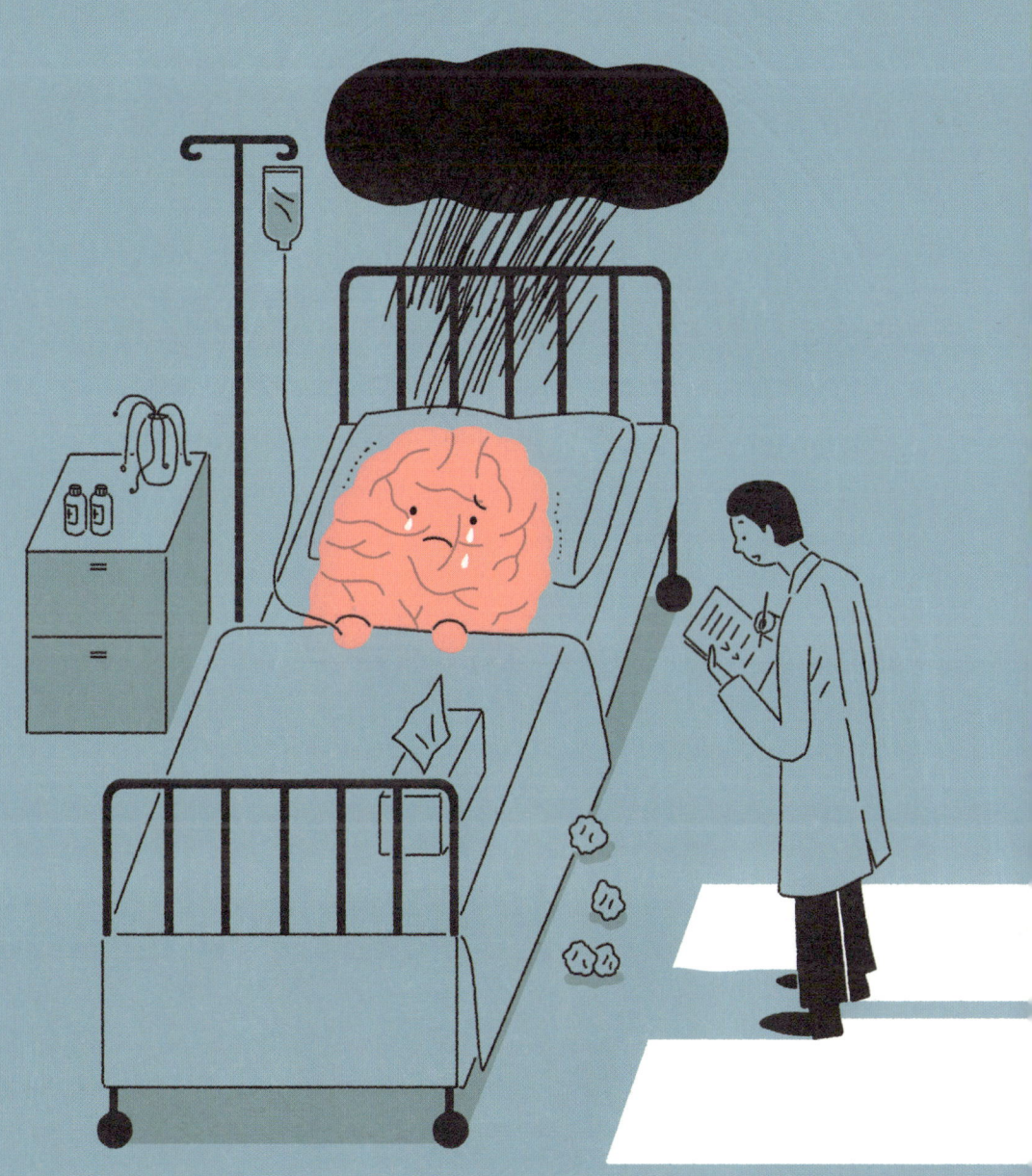

우울증과 뇌

어떻게 우울증이 발생하는지 아직 정확하게 밝혀지지는 않았지만 우울증 환자들은 도파민을 비롯한 신경 전달 물질 몇 가지가 부족하고, 기억을 담당하는 해마가 축소되어 있어. 마치 힘든 기억은 뇌 속에 저장하기도 싫고, 그와 관련된 정보는 주변 신경 세포들에게 전달하기도 싫다고 뇌가 파업이라도 하는 것 같아.

일단 뇌 기능에 문제가 생기면 치료하는 데 긴 시간이 필요해. 그래도 우울증 환자들은 스스로 아프다는 것을 알고 있고 자신의 상태가 보통 사람들과 다르다는 것을 인정하기 때문에 나을 가능성도 아주 커.

중독이 어두운 동굴로 자기도 모르게 빨려 들어간 것이라면, 우울증은 풍랑이 이는 거센 바다에 혼자 던져진 것과도 같지. 혼자 벗어나려고 발버둥을 치다가는 익사당하는 수가 있어. 더 심각한 증세가 나타나기 전에 병원이나 치료 센터를 찾아 도움을 청해야 해. 마음의 병이 우리 몸의 지휘 본부인 뇌의 병이란 사실을 안다면, 당장 치료해야겠다는 생각이 들 거야.

미래를 결정하는
기억

뇌는 항상 바뀌어. 내가 무엇을 보고 듣는지에 따라 신경 세포들의 연결 상태가 달라지기 때문이야. 눈, 코, 입, 귀와 같은 감각 기관들이 받아들인 정보를 처리하기 위해 그때그때 신경 세포들은 서로 정보를 주고받으며 새로운 연결을 만들거든.

우리가 아침에 일어나 잠들 때까지 보고, 듣고, 느끼며 생각하는 것들이 한두 가지가 아닌데 그때마다 뇌 속의 신경 세포들이 새로운 신경 회로를 만드는 게 불가능하다고 여길 수도 있을 거야. 하지만 우리 뇌에는 신경 세포가 1,000억 개나 있고, 쓰지 않는 신경 회로들은 연결이 끊어지기 때문에 세포들의 새로운 연결망은 얼마든지 만들어질 수 있어.

정보를 저장하는 기억

신경 회로가 매번 달라지는 것은 우리의 경험이 늘 새롭기 때문이야. 아침에 눈을 떴을 때 어제의 내 방 모습과 오늘의 모습이 같다 해도 중요한 것 하나가 달라졌어. 그것은 바로 어제와 오늘이라는 시간이야. 컴퓨터에 자료가 저장될 때와 마찬가지로 우리의 기억도 입력 시간과 함께 저장돼. 물론 이것은 우리가 일부러 하는 행동은 아니야. 사실 우리는 기억이 시간과 함께 저장되는 것을 느낄 수 없어. 굳이 우리가 저장된 시간을 떠올리려고 할 때만 겨우 생각날 뿐이야. 우리가 살아가는 데 기억이 만들어진 시간까지 기억할 필요는 없기 때문이지. 대신 뇌에서 기억을 효율적으로 관리하기 위해 쓸모없는 것을 버리고 서로 관련된 것끼리 묶을 때는 저장된 시간을 알 필요가 있어. 그래서 뇌는 의식하지 않아도 저절로 시간이 함께 저장되는 체계로 진화해 왔어.

시간 말고도 뇌에서 처리되는 모든 정보가 늘 새로울 수밖에 없는 또 하나의 이유가 있어. 그것은 바로 뇌에서 새로운 정보를 처리할 때마다 불러와야 할 기억들이 달라진다는 사실이야.

우리가 무엇을 알아보거나 알아듣는다는 것은 그와 관련된 예전 기억을 불러올 수 있다는 뜻이야. 사과를 보고, '사과구나.'라고 말하거나 생각할 수 있는 것은 이미 사과에 대해 알고 있기 때문이야. 이때 사과를 안다는 것은 사과를 먹어 보거나 사과에 대해 배웠던 기억이 머릿속에 저장되어 있다는 뜻이지.

만일 조선 시대 사람이 타임머신을 타고 오늘날 서울에 도착했다고 상상해 봐. 이 사람이 우연히 스마트폰을 손에 넣게 되었어. 다시 조선 시대로 돌아갈 때를 대비해 서울에서 경험한 모든 것을 기록하려고 한다 해도 스마트폰에 대해 무엇이라고 기록해야 할지 난감할 거야. 아마 '얇고 네모진 덩어리. 가끔 희한하고 요란한 소리를 낸다.'라고 기록할지도 몰라.

조선 시대 사람의 머릿속에는 스마트폰에 대한 기억이 없기 때문에 스마트폰을 알아볼 수가 없어. 그래서 우리가 무언가를 제대로 인지해 그것에 대한 정보를 처리하려면, 그에 대해 참고할 기억이 반드시 필요해. 우리에게 기억이 없다면, 책을 읽지도 못하고, 간단한 덧셈이나 뺄셈도 하지 못할 거야.

우리 삶을 이끌어 가는 기억

무언가를 구별할 수 없으면 그에 대한 감정도 생기지 않아. 내 눈앞에 총을 든 강도가 서 있다 해도 그 사람이 어른인지 아이인지, 손에 총을 들었는지 나무 막대기를 들었는지 구별할 수 없다면 어떻게 무섭다는 감정이 생기겠어? 그런데 감정을 느끼지 못하면 어떤 일을 결정해야 할 때 어려움을 겪게 돼. 갑자기 잠에서 깬 사람처럼 아무것도 하지 않은 채 우두커니 있는 것밖에는 할 일이 없지.

결국 우리에게 감정이 없다면 아무것도 하고 싶지 않게 돼. 좋아서 달려들 일도 없고, 두렵다고 피해 갈 일도 없어. 그런데 이처럼 행동을 결정하는 데 중요한 역할을 하는 감정은 대부분 예전의 기억을 바

탕으로 만들어지지. 그렇기 때문에 기억이야말로 삶을 이끌어 가는 원동력이라 할 수 있어.

놀랍게도 기억은 지구상에 생명체가 출현할 때부터 시작된 활동이야. 우리가 세균이나 박테리아라고 부르는 원시 생명체는 단 하나의 세포였어. 뇌와 신경이 없기 때문에 신경 세포도 따로 없었지. 살아가기에 알맞은 빛과 온도를 기억해 두었다가 다음에도 같은 조건을 찾아가야 하는데, 이런 정보를 저장해 둘 기관이 몸에 없었던 거야. 하지만 생명은 자신이 살아남을 수 있는 길을 찾아 진화했지. 세균은 하나의 세포로 이루어진 자신의 몸 안에 주변 환경에 대한 정보를 주고받으며 반응하는 체계를 갖추기 시작했어.

물의 온도가 20°C인 곳에서 번식한다는 정보를 몸 안에 새겨 두고 세포 분열로 후손을 남길 때는 너무 춥거나 더운 곳을 피하도록 만들었어. 그러면 후손은 살아남을 가능성이 커지지. 세포의 이런 특별한 기억법은 결국 정보를 전달하고 저장하는 기능만 있는 신경 세포를 가지는 방향으로 진화했어. 그리고 더 나아가 신경 세포들만 담을 수 있는 뇌라는 기관도 나타나게 되었지. 뇌가 앞으로 어떻게 진화해 갈지도 무척 흥미로운 일이야.

공포 분위기로 성적을 올릴 수 있을까?

우리의 감정은 뇌의 활동에 큰 영향을 끼쳐. 어떤 일에 집중하거나 어떤 행동을 해야겠다고 결심할 때도 감정은 중요한 역할을 하지. 공부할 때도 기분이 어떤가에 따라 기억이나 검색을 더욱 효율적으로 할 수 있어.

학습의 대부분은 기억이야. 학교에서 배운 교과서 내용을 정확하게 모두 기억할 수만 있다면, 어떤 시험에서든 높은 성적을 올릴 수 있겠지. 그렇다면 뇌가 어떤 감정 상태에 있을 때 기억을 더 잘 하게 될까? 아무래도 기분이 나쁠 때보다는 기분이 좋을 때일 것 같지만, 꼭 그렇지만도 않아.

여러분이 지금까지 가장 잊을 수 없는 기억을 한번 떠올려 봐. 너무 기분 좋거나 우스웠던 기억이 떠올라 나도 모르게 미소 짓는 사람도 있겠지만 무섭고 불쾌한 기억을 떠올리며 인상 쓰는 사람도 있을 거야. 사실 무서웠던 기억처럼 잊기 어려운 것도 없어.

어린 시절에 무서운 개에게 쫓겨 본 적이 있는 사람은 어른이 된 뒤 아주 작은 개를 보고 도망가기도 해. 현대인이 많이 앓는 정신 질환 중에는 '외상 후 스트레스 장애'라는 것이 있어. 이것을 '트라우마'라고 하는데 트라우마는 무척이나 힘든 일을 겪은 사람의 머릿속에 매우 강한 공포 기억이 새겨져 계속 영향을 끼치는 증상이야. 너무 무서운 체험을 할 때 연결된 신경 세포들이 이후에도 수시로 연결되며 극도로 공포감을 만들어 내는 거야. 다른 사람이 보기에는 아무렇지 않은 것도 트라우마가 있는 사람은 힘들

오래 기억되는 공포감

고 무서워하지. 심하면 발작을 일으키기도 해. 하지만 보통 사람들은 별것 아니라고 느끼기 때문에 트라우마 환자의 고통에 공감하기는 어려워.

   수업 시간에 배운 내용은 금방 잊히는데 무서운 기억은 좀처럼 잊히질 않고 트라우마로 남는 이유는 무엇일까? 자연에서 일어나는 어떤 일도 우연히, 혹은 쓸데없이 일어나는 경우는 없으니 분명 이유가 있을 거야.

   우리가 무서운 기억을 특히 잊지 못하는 것은 공포감이 수십만 년 전 지구상에 나타난 최초의 인류에서부터 시작되었기 때문이야. 인류가 살아남기 위해서는 자신의 생명을 위협하는 것들을 기억해서 피해야만 했어. 그래서 위험한 것과 마주칠 때마다 느꼈던 공포심은 생존하는 데 중요한 역할을 했지.

   과학자들의 연구에 따르면, 서로 연결된 두 개의 신경 세포가 동

시에 활동할 때 기억이 잘 만들어지고 강화된다고 해. 특히 공포감을 느끼게 해 주는 편도체의 신경 세포가 기억을 담당하는 해마의 신경 세포와 함께 활동할 때 기억이 잘 만들어지지.

쥐에게 별로 자극이 없는 평범한 소리를 들려주면서 약한 전기 충격을 주는 실험을 해 봤어. 인간의 기준으로는 약한 충격이었지만, 소리가 들릴 때마다 온몸에 전기가 흐르는 체험은 쥐에게 무서운 공포감을 주었지. 그 뒤 쥐는 전기 충격을 주지 않고, 소리만 들려주어도 몸을 움츠리는 공포 반응을 보였어.

과학자들은 공포감을 느낄 때면 뇌 속에서 편도체가 활동을 시작하고, 이때 노르아드레날린이라는 신경 전달 물질이 분비된다는 사실에 주목했어. 그래서 실험 쥐에게 무서운 체험을 시키지 않고,

그냥 편도체만 자극해 노르아드레날린을 분비하게 만드는 실험을 해 보았지. 그러자 쥐는 마치 무서운 기억을 떠올리기라도 한 것처럼 온몸을 떠는 공포 반응을 보였어.

　실험 결과대로라면 우리가 어떤 것을 평생 잊지 않고 기억하고 싶을 때는 기억 활동을 하는 신경 세포와 편도체가 동시에 연결되면서 공포감에 덜덜 떠는 경험을 해야 할 것 같아. 물론 이때 머릿속에서는 노르아드레날린이 펑펑 샘솟고 있겠지.

　그렇다면 공부할 때 공포 분위기를 자아내는 음악이나 영화를 틀어 놓는 것은 어떨까? 머릿속에서 신경 전달 물질이 마구 분비되면서 공부한 내용을 평생 잊지 않게 될 테니까. 하지만 너무 무서워 한 시간도 안 되어 공부방을 뛰쳐나오는 부작용이 생길지도 모르겠네. 차라리 지금 이것을 외우지 못하면 괴물에게 잡아먹힌다는 상상을 하며 공포감을 느끼는 쪽이 더 나을지도 몰라.

뇌과학은 어떻게
미래를 만들어 갈까?
- 뇌와 컴퓨터

서로 닮은 뇌와 컴퓨터

뇌와 컴퓨터는 서로 아주 많이 닮았어. 뇌는 신경 세포들이, 컴퓨터는 트랜지스터들이 많이 모여서 서로 전기 신호를 주고받으며 일하거든. 신경 세포가 작동하는 방식이 컴퓨터의 부품인 트랜지스터가 작동하는 방식과 비슷하다는 뜻이야. 신경 세포 주변에 돌기들이 삐죽삐죽 솟아 있는 것처럼 트랜지스터에도 가늘고 뾰족한 발이 세 개 달려 있어. 이 발들은 다른 트랜지스터로 전기 신호를 보내거나 끊는 일을 해. 신경 세포의 돌기들이 전기 신호를 주고받는 모습과 닮았어.

뇌와 비슷한 컴퓨터의 작동 방식

컴퓨터가 처음 개발되었을 때만 해도 사람들은 아직 뇌

사람 뇌의 신경 세포와 닮은 트랜지스터

에 대해 잘 알지 못했어. 뇌를 과학적으로 정확하게 연구하기 시작한 것은 첨단 촬영 장치가 개발된 1900년대 중반부터야. 그런데 그전에 개발된 컴퓨터의 작동 방식이 인간의 두뇌와 비슷하다는 것은 놀라운 우연의 일치야. 가장 뛰어난 기계인 컴퓨터가 인간의 두뇌를 닮았다는 것은 뇌가 그만큼 위대한 기관이란 뜻이기도 해. 단, 컴퓨터의 프로그램이 작동하기 위해서는 전기 신호를 켜고 끄라는 명령을 0과 1이라는 디지털 신호로 바꿔 주어야 해.

사람의 뇌에서 신경 세포들이 서로 전기 신호를 주고받을 수 있는 최대 속도는 1초에 1,000번 정도야. 컴퓨터에 비하면 훨씬 느리지. 그 이유는 뇌가 정보를 저장하고 꺼내 쓰는 방법이 컴퓨터와 좀 다르기 때문이야.

컴퓨터는 하나의 정보를 단 하나의 장소에 저장해. 하지만 뇌는 하나의 정보를 여러 곳에 나누어 저장하고, 이 일에 참여한 신경 세포들끼리 서로 연결되어 신경 회로를 만들어. 시간을 알려 주는 전광판에 3시를 뜻하는 '3:00'을 나타내려면, 수십 개의 전구에 불이 들어와야 해. 이때 전광판의 전구 하나하나는 오로지 자신이 켜진 상태인지, 혹은 꺼진 상태인지만을 나타내지. 하지만 이 전구들이 서로 연결되어 불이 켜지면서 우리에게 보여 주는 정보는 '3:00'이 되는 거야. 이런 식으로 정보를 처리하면, 전구 한두 개가 켜지지 않아도 '3:00'을 대략 표현할 수 있어. 우리의 뇌도 이 전광판과 같아서 신경 회로를 이루는 신경 세포 한두 개가 작동하지 않아도 저장된 정보를 잃어버리지는 않아. 대뇌 여러 곳에 걸쳐 신경 회로를 만들며 정보를 작은 조각으로 나눈 뒤 흩어서 저장했기 때문이야. 그런데 컴퓨터는 일부가 손상되면, 그 부분에 저장된 정보를 모두 잃어버려.

뇌는 여러 곳에 정보를 나누어 저장하면서 동시에 다른 작업도 처리할 수 있어. 음악을 들으며 수학 문제를 풀 수도 있는 것처럼. 하지만 컴퓨터는, 저장을 명령할 때는 저장만, 연산을 명령할 때는 연산만 해. 명령을 처리하는 속도가 너무 빠르다 보니 우리가 눈치채지 못했을 뿐, 사실 컴퓨터는 한 번에 한 가지밖에 못하는 단순한 체계로 되어 있어. 그에 비하면 인간의 두뇌는 훨씬 복잡해. 계산하고 외우고 감정을 느끼고 미래를 예측하는 일을 동시에 할 수 있거든.

신경 세포들의 정보 처리 속도가 컴퓨터에 비해 느린 것은 이유가 있어. 트랜지스터와 달리 신경 세포들은 정보를 전달할 때 전기 신호를 보낸 뒤 한 가지 일을 더 하기 때문이야. 전기 신호에 따라 축삭 돌기 끝에서 신경 전달 물질을 만들어 내보내야 하거든. 신경 전달 물질은 신경 세포 사이에 있는 틈을 지나 다른 신경 세포에 정보를 전달해 줄 심부름꾼이야.

신경 세포에게 주는 보상, 도파민

　신경 전달 물질 중에서 가장 중요한 것은 앞에서도 몇 번 이야기한 도파민이야. 도파민은 우리의 감정을 건드려 즉시 행동하도록 해. 도파민이 이런 중요한 역할을 할 수 있는 가장 큰 이유는 뇌가 도파민을 신경 세포들에게 주는 보상으로 이용하기 때문이야. 뇌는 우리가 목마를 때 물을 마시거나 게임에서 이기는 것처럼 스스로에게 이익이 되는 행동을 했을 때 기쁨을 느끼도록 보상을 해 줘. 이때 주는 보상은 '우아, 너무 기뻐. 행복해!'라는 정보를 부지런히 전달할 수 있게 해 주는 신경 전달 물질, 바로 도파민이거든. 뇌 속에서 도파민이 많이 분비될수록 우리가 느끼는 기쁨은 커지고, 그런 행동을 자꾸 반복하고 싶어져.

　뇌의 이런 보상 체계를 컴퓨터에 응용해 성공한 것이 바로 인공 지능(AI)이야. 인공 지능은 말 그대로 사람의 뇌가 지닌 지능을 컴퓨터가 실현해 보도록 만드는 거야. 즉, 단순하게 계산하고 기억하는 기능뿐만 아니라 스스로 판단하고 결정하는 일을 컴퓨터가 해내도록 만든 것이지.

　인공 지능이 제 역할을 해내려면, 스스로 데이터를 모아 스스로 배우고 스스로 날마다 발전해야 해. 2016년 인공 지능 '알파고'는 스스로 바둑 데이터를 학습해 이세돌 9단을 이겨 세상을 놀라게 했어. 또 인공 지능 '왓슨'은 수많은 의학 논문과 환자의 진단용 사진을 학습해 의사보다 정확한 암 진단을 하고 있어. 인터넷에서 이루어지는 간단한 법률 상담이나 고객 상담은 이미 인공 지능이 담당한 지 오래야. 이런 상담용 인공 지능은 '챗봇(chatter robot: 수다 떠는 로봇)'이라 부르기도 해. 사람과 대화를 나누는 인공 지능이란 뜻에서 붙여 준 이름이야.

처음 개발한 인공 지능은 데이터를 주면서 어떤 것에 집중해 공부해야 하는지를 하나하나 프로그램으로 짜 주어야만 했어. 그러다가 과학자들은 뇌의 학습 방식인 도파민 보상 체계를 알게 되었지. 신경 세포들이 더 많은 도파민을 상으로 받을 수 있도록 신경 회로를 만들어 가는 모습에서 힌트를 얻었어. 그래서 인공 지능도 시행착오를 겪으며 목표를 달성하면 보상을 받는 것으로 스스로 학습하도록 프로그램을 짰어. 인공 지능 스스로 깊이 학습한다는 뜻에서 이것을 '딥러닝'이라고 해. 딥러닝을 도입한 이후 인공 지능은 크게 발전했지만, 아직 사람의 지능을 넘어설 정도는 아니야.

그래서 과학자들은 인공 지능이 최대한 많은 공부를 하도록 하는 방법을 생각해 냈어. 이것은 인터넷 속도와 컴퓨터 성능이 좋아지면서 어마어마한 데이터를 인공 지능에게 줄 수 있기 때문에 가능한 일이었어. 얼마 전까지만 해도 컴퓨터 1대에 저장해야 했던 정보를 이제는 단 1개의 외부 저장 장치에 담아 필요할 때만 연결해서 쓸 수 있게 되었거든. 게다가 인터넷에 연결된 많은 기기들이 보내오는 데이터들까지 모으면 그 양이 굉장해. 이런 어마어마한 데이터를 '빅데이터'라 하지.

과학자들은 아무리 뛰어난 인공 지능 컴퓨터라 해도 그 속에 들어 있는 트랜지스터는 한 번에 하나밖에 처리하지 못하는 것이 문제라고 생각했어. 그래서 트랜지스터가 다양한 정보를 동시에 처리하면서도 에너지를 적게 사용하도록 만드는 방법이 없을까 고민했지. 이때 과학자들의 눈에 들어온 것이 뇌의 신경 세포가 동시에 1,000여 개의 다른 신경 세포와 연결되어 여러 가지 일을 하면서도 에너지를 적게 사용하는 모습이었어.

시냅스 연결

현재 과학자들은 신경 세포들 사이의 틈을 연결해 주는 시냅스를 컴퓨터에 적용하려는 중이야. 즉, 트랜지스터들 사이에도 시냅스 같은 구조를 만드는 것이지. 시냅스는 전기 신호를 신경 전달 물질로 바꾸는 역할을 해. 전기 신호의 단점은 켜지거나 꺼지는 것, 단 두 가지 신호만 보낼 수 있어. 하지만 신경 전달 물질은 종류도 여러 가지라 다양한 신호를 보낼 수 있지. 게다가 양을 늘리거나 줄이면 더욱 다양한 방법으로 정보를 전달할 수 있어.

과학자들은 컴퓨터의 트랜지스터 사이에도 시냅스 역할을 하는 부품을 끼워 넣어 다양한 방법으로 정보를 전달하는 컴퓨터를 만들려고 노력 중이지. 이런 컴퓨터라면 아주 적은 전기 에너지로도 빅데이터를 처리할 수 있기 때문이야.

인간의 뇌를 닮은 컴퓨터를 만들려는 과학자들의 꿈은 여기서 한 걸음 더 나아가고 있어. 신경 세포와 시냅스들이 연결된 신경 회로처럼 작동하는 트랜지스터 회로를 컴퓨터 안에서도 만들어 보려는 것이지. 트랜지스터들이 시냅스 역할을 하는 부품들과 필요할 때만 연결되는 회로를 만드는 거야. 필요할 때만 연결되므로 에너지를 낭비하지 않고, 더 많은 정보를 다양한 방법으로, 더 빨리 처리할 수 있거든.

이미 인공 지능은 몇몇 분야에서는 사람의 지능을 뛰어넘고 있어. 수학 계산, 정보 저장, 데이터 분류처럼 정해진 프로그램에 따라 빠르고 정확하게 해야 하는 일은 인간이 도저히 인공 지능을 따라가지 못해.

하지만 아직은 인공 지능보다는 사람이 더 잘하는 일이 훨씬 더 많아. 특히 주변 사물과 환경을 알아보고 갑작스러운 사건을 처리하며 다른 사람의 감정을 읽어야 하는 일은 인공 지능에게 거의 맡기지 못해. 물론 인간의 뇌와 완벽하게 닮은 컴퓨터가 나타난다면, 쉽게 지치지 않는 컴퓨터가 모든 면에서 인간을 앞서게 될지도 몰라.

그런데 과학자들 중에는 과연 인간의 뇌를 닮은 컴퓨터를 만들 수 있을지 의문을 갖는 사람들도 있어. 아직 인간은 뇌에 대해 모르는 것이 너무 많기 때문이야. 뇌의 작동 과정을 모르면서 뇌를 닮은 컴퓨터를 만들 수는 없으니까. 그리고 보면 앞으로 과학에서 가장 중요한 분야는 인공 지능이 아니라 뇌과학이 될 것 같아.

인공 신경 세포의
발달

21세기에 들어서며 스웨덴 사람들은 새로운 파티를 즐기게 되었어. 이 파티의 이름은 '마이크로칩핑 파티'야. 손등에 마이크로칩을 심고, 최첨단 기술의 혜택을 누리는 사람으로 거듭난 것을 축하하는 파티지. 스웨덴 국민 중 4,000명 정도가 손등에 이 칩을 심었어(2018년 기준). 칩은 신분증, 신용카드, 교통카드 역할을 모두 할 수 있어서 칩을 심은 사람은 버스를 타거나 쇼핑할 때도 손등을 판독기에 대면 요금이 계산돼. 가끔 "통장에 잔고가 부족합니다."라거나 "한도를 초과했습니다."라고 정확히 알려 줄 정도로 손등의 작은 칩 안에 자세한 개인 정보가 모두 들어 있어.

마이크로칩은 아주 작은 실리콘 조각에 수많은 전자 부품을 넣어 만든 회로야. 연산, 기억, 저장 기능을 모두 갖추고 있어 작은 컴퓨터라

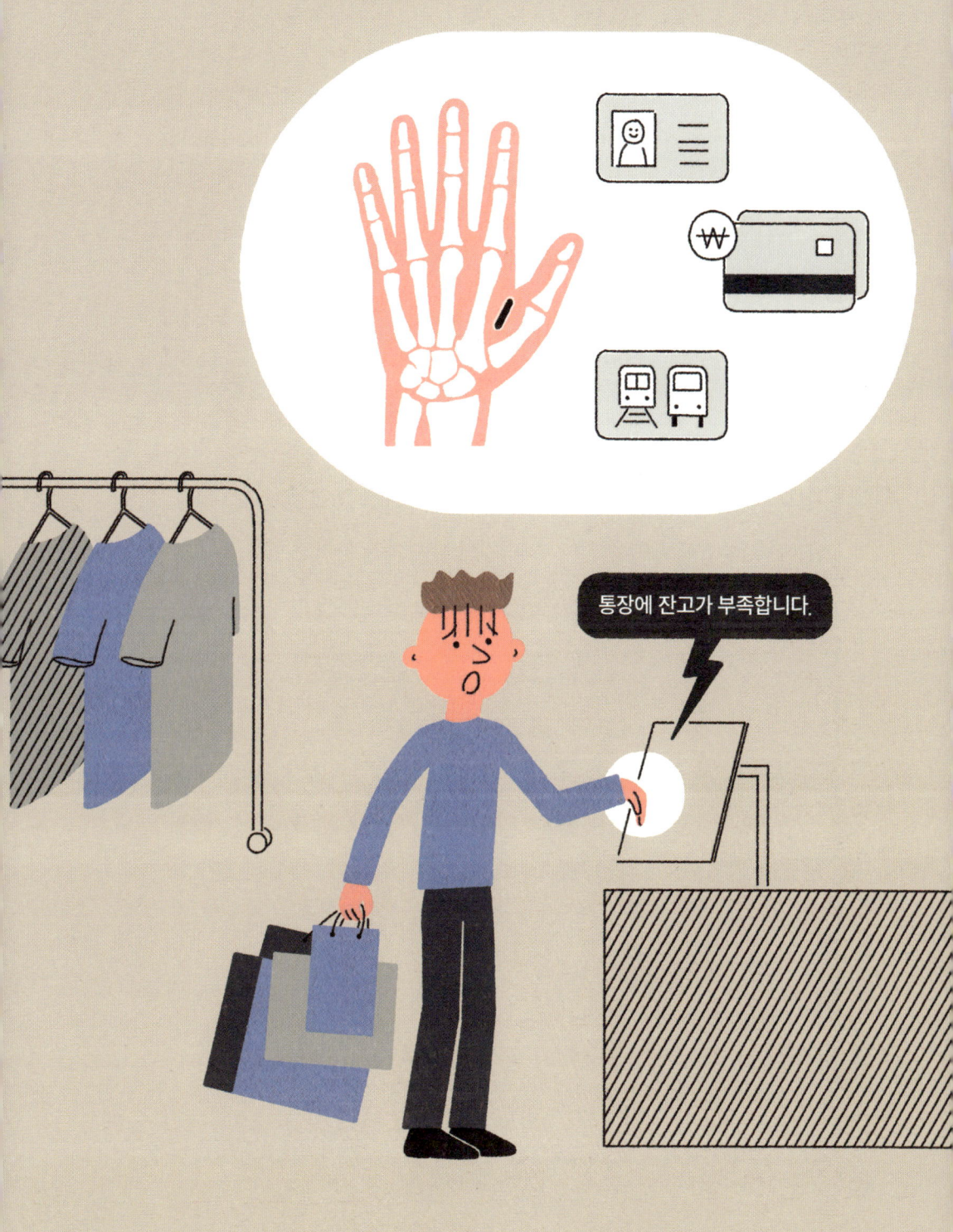

고도 해. 전기가 흐르는 도체와 흐르지 않는 부도체의 중간 성질을 가진 반도체는 전기적 성질이 잘 변해. 그래서 전기를 켜고 끄는 방식, 즉 1과 0으로 된 디지털 신호를 보내기에 딱 알맞아.

우리 신경 세포도 이런 방식으로 정보를 전달해. 그렇다면 몸에 심은 마이크로칩이 판독기를 향해 정보를 내보내는 대신, 몸속의 신경 세포와 전기 신호를 주고받으면 어떻게 될까? 마이크로칩은 원고 수십만 장 분량의 정보를 처리할 수 있는 작은 컴퓨터이기 때문에, 뇌의 신경 세포가 내리는 명령을 분석한 뒤 근육의 신경 세포를 자극해 움직이도록 할 수 있을 거야. 신경 계통이 건강한 사람은 필요 없겠지만, 뇌에서 근육으로 정보를 전달하는 과정에 문제가 있는 사람들에게는 이보다 더 기쁜 소식도 없을 거야. 마비되어 움직이지 못하던 팔다리를 움직일 수 있는 길이 열렸으니까.

신경 세포와 컴퓨터의 연결

사람의 신경 세포를 컴퓨터와 연결시키는 실험을 최초로 한 사람은 영국 레딩대학교의 케빈 워릭 교수야. 워릭 교수는 1998년 인류 최초로 몸에 마이크로칩을 심는 실험을 했어. 우선 자신의 팔에 동전 크기의 마이크로칩을 심은 다음 자신이 이동하는 정보를 칩을 통해 컴퓨터로 보냈어. 그러자 워릭 교수가 연구실이 있는 건물에 들어서면, 컴퓨터의 명령 아래 연구실의 불이 켜지고 문이 자동으로 열렸어.

몇 년 후에는 아내의 몸에도 칩을 심어 워릭 교수의 몸에 심은 칩과 신호를 주고받도록 했어. 그 결과 워릭 교수가 높은 곳에 올라가 공포심을 느끼면 아래에 있던 그의 아내도 같은 감정을 느낄 수 있게 되었어. 두 사람의 몸에 심은 칩이 감정을 느낄 때 뇌가 보내는 전기 신호를 읽을 수 있었기 때문에 가능한 일이었지.

이후 뇌의 신경 세포와 마이크로칩이 정보를 주고받는 기술은 장애인을 치료하는 데 사용되기 시작했어. 눈이 보이지 않거나 귀가 들리지 않는 사람들 중에는 기능이 약하지만 청신경이나 시신경이 살아 있는 경우가 있어. 특히 소리를 못 듣는 사람은 귓속으로 들어오는 공기의 떨림을 포착해 전기 신호로 바꾸는 데 문제가 있는 경우가 많아. 신호가 너무 약하면 소리를 대뇌까지 잘 전달할 수가 없거든. 시각 장애인들도 마찬가지지. 그런데 빛을 느끼는 부분에 마이크로칩을 심으면, 칩이 만든 전기 신호가 시각 신경 세포를 자극하고 이 정보가 뇌로 전달되면 앞을 볼 수도 있어.

장애 극복에 도움이 되는 인공 신경 세포

뇌과학이 발달하면서 감각 기관이나 근육이 뇌와 정보를 주고받는 과정이 점점 더 확실하게 밝혀지고 있어. 덕분에 인공 귀와 눈, 인공 다리와 팔을 만들기가 쉬워졌지. 특히 신체와 연결된 뇌의 신경 세포들을 찾아 자극하는 방법을 사용하면 그동안 치료할 수 없었던 여러 가지 장애를 극복하도록 도와줄 수 있어.

최근 뇌과학자들이 첨단 기술을 도입해 진행하는 또 하나의 도전은 '인공 신경 세포'를 만드는 거야. 인공 신경 세포는 전력을 거의 쓰지 않고도 다른 신경 세포들의 전기 신호에 반응할 수 있지. 인공 신경 세포는 머리나 척추를 다친 환자들의 손상된 세포들을 대신할 수 있기 때문에 앞으로 많은 장애를 치료할 것이라 내다보고 있어.

상상해 봐. 손상된 척추 신경 세포를 인공 신경 세포로 교체하면 척추를 다쳐 하반신을 쓸 수 없었던 환자가 다시 걸을 수 있어. 또, 시신경을 다쳐 앞을 못 보는 환자가 있다면 인공 시신경 세포를 이식해 시력을 되찾을 수도 있겠지. 특히 신체 장애 외에 우울증까지 치료할 수 있다니 정말 기대가 돼.

인공 지능과 소통하는 인간의 뇌

과학자들이 이 정도에서 만족할 것 같지는 않아. 미국의 '뉴럴링크'라는 회사는 최근 쥐의 뇌에 3,000개의 전극을 삽입해 컴퓨터와 연결시키는 실험을 했어. 이 회사의 최종 목표는 칩을 인간의 뇌에 이식한 뒤, 뇌의 전기 신호를 컴퓨터가 인식할 수 있게 하는 거야. 뉴럴링크에서 개발한 칩은 실제 인간의 신경 세포만큼 가늘어. 이 칩들이 서로 연결되어 컴퓨터나 스마트폰과 많은 양의 정보를 주고받으면 생각만으로 컴퓨터나 스마트폰을 작동해 그 안에 담긴 정보를 읽어 들이는 것도 가능해지겠지. 즉, 인간의 뇌가 컴퓨터의 인공 지능과 소통하는 세상이 열리는 거지. 우리는 지금 인공 지능이 인간을 넘어서

지 않을까 두려워하지만, 과학은 그런 인공 지능을 우리 두뇌 안으로 가져올 날을 꿈꾸고 있어.

　과학이 발달할수록 인공 귀, 인공 손, 인공 발 등 부족한 신체 기능을 채워 줄 많은 인공 기관들이 인공 지능과 결합되어 뇌와 연결될 거야. 그렇게 되면 모든 전자 제품이 우리 몸 안으로 들어오고, 이것을 뇌가 통제할 수 있는 시대가 찾아오겠지.

뇌와 컴퓨터의 결합

미래의 어느 날 과학자가 아주 뛰어난 슈퍼컴퓨터를 개발한 이야기를 들려줄게. 이 컴퓨터의 인공 지능은 인류 모두의 지성을 합친 것보다 뛰어나고, 감정도 느낄 수 있어. 뿐만 아니라 스스로 목표를 정해 학습할 수 있기 때문에 어디까지 발전할지 예측하기 어려울 정도였어.

그런데 이 소식이 지나치게 발전된 기술이 인류를 멸망시킬 것이라 믿는 어떤 단체의 귀에 들어갔어. 그들은 새롭게 개발된 컴퓨터가 널리 쓰이게 되면, 인류는 위기에 몰릴 것이라고 생각하고 과학자를 습격했지. 총을 맞고 죽어 가던 과학자는 자신의 뇌에 담긴 모든 정보를 슈퍼컴퓨터로 옮기도록 아내에게 부탁했어. 이후 과학자는 세상을 떠났지만, 슈퍼컴퓨터와 결합한 과학자의 뇌는 어마어마한 힘을 얻으며 다시 살아났지.

이 이야기는 〈트랜센던스〉라는 공상 과학 영화의 내용 중 일부야. 영화에서처럼 인간의 뇌에 담긴 정보를 컴퓨터 파일로 복제하고, 뇌를 영원히 살게 만들려면 어떻게 해야 할까? 뇌에 담긴 정보를 모두 컴퓨터로 옮기기 전에 일단 어디에 어떤 정보가 담겨 있는지부터 알아야 할 거야. 게다가 한 사람이 태어나서 성인이 되기까지 뇌 속에 쌓아 온 무수한 정보를 저장하려면 웬만한 슈퍼컴퓨터로는 불가능하겠지.

예쁜꼬마선충 실험

현재 과학 기술은 첨단 영상 촬영 장치를 활용해 뇌에 저장된 기억을 어느 정도는 읽어 낼 수 있어. 피실험자에게 '나는 바다가 좋다'라는 문장을 외우게 하고, 특수 사진을 찍으면 '바다'라는 말을 듣는 순간 뇌의 어딘가에 혈액이 몰리고 신경 세포들이 활발히 연결되는 장면이 찍힐 거야. 바로 그 부분에 '바다'라는 말이 저장된 거지. 문제는 인간의 뇌에 담긴 정보를 모두 이런 방법으로 알아내려면 수많은 단어, 이미지, 감정, 계산, 판단, 움직임 등과 관련된 신경 세포들의 움직임을 모두 관찰해야 해.

그런데 몇몇 과학자들은 예쁜꼬마선충으로 이 실험에 도전했어. 예쁜꼬마선충은 신경 세포가 302개밖에 안 되기 때문에 가능했지. 과학자들은 예쁜꼬마선충을 8,000조각으로 나눈 뒤 그 안에 있는 신경 세포들의 연결 상태나 성장 과정을 관찰한 다음, 신경 세포에 대한 정보를 알아내 컴퓨터에 입력했어. 그리고 이것을 자동차 로봇에 다운로드 받았더니 로봇은 특별히 명령을 내리지 않았는데도 알아서 돌아다니기 시작했어. 원래 예쁜꼬마선충은 먹어야만 계속 움직일 수 있지만, 이 로봇은 전기만 공급되면 지치지도 않고 언제까지든 움직일 수 있었어. 이 실험에서처럼 나의 뇌에 있는 정보를 프로그램으로 만들어 로봇의 머릿속에 넣어 줄 수만 있다면 그 로봇은 나처럼 생각하며 나처럼 걸어다닐지도 몰라.

더 나아가 인간의 뇌가 컴퓨터와 연결되어 컴퓨터의 기능을 머릿속 기능처럼 사용할 수 있고 새로운 창의성까지 얻게 된다면 역사상 가장 새로운 인류로 거듭나게 될 거야.

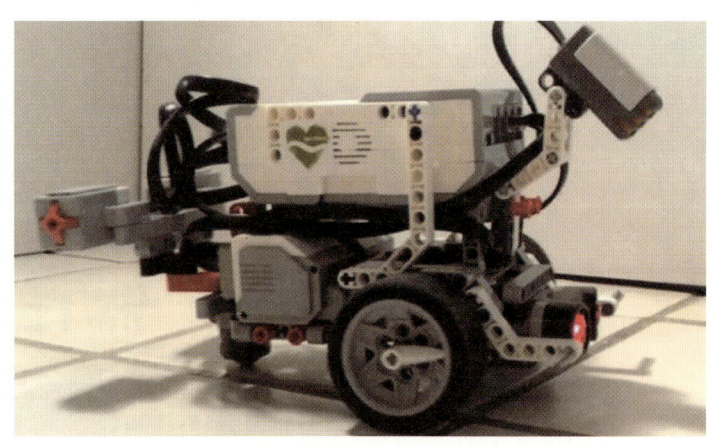

신경 회로를 다운받아 움직이는 레고 자동차 로봇

뇌과학의 미래

하지만 몇몇 사람들이 이런 예측에 의문을 던지기 시작했어. 컴퓨터 프로그램으로 보존된 뇌를 과연 살아 있는 생명체로 볼 수 있을까 하는 거지. 물론 너무나 먼 미래의 일이니 고민할 필요가 없다고 생각하는 사람도 있어. 그러나 많은 과학자들은 우리를 지배하는 뇌에 대해 더 연구해야 한다는 쪽이야.

뉴럴링크의 설립자인 일론 머스크도 이들 중 하나야. 그는 인간이 인공 지능에게 뒤지지 않으려면 반드시 뇌 속에 컴퓨터를 심어야 한다는 쪽이지. 그래서 뇌를 컴퓨터와 결합하는 일에 도전하고 있어. 그는 인류가 공상 과학 영화의 주인공처럼 세상의 모든 지식을 다운로드 받아 인공 지능보다 더 똑똑해지는 일을 꼭 실현해 보이겠다고 큰소리치고 있어.

일론 머스크의 말대로 된다면 우리의 삶은 훨씬 폭이 넓어질 거야. 단번에 백과사전 한 권 분량의 지식을 머릿속에 가져올 수 있다면, 학교에서 하는 공부 방법도 많이 달라지겠지. 지루한 암기보다는 머릿속에 든 지식을 가지고 재미있는 활동을 많이 하게 될 것 같아. 그리고 일은 컴퓨터에 저장된 나의 뇌에게 맡기고, 잠시 숲속으로 신나는 탐험을 떠나거나 여행을 할 수도 있겠지. 물론 지치지도 않고 피곤한 것도 모르는 컴퓨터 속의 뇌가 현실의 나보다 일은 더 잘할 테니 공부 걱정은 할 필요가 없어.

그런데 문제는 있어. 컴퓨터에 저장된 뇌들이 누군가를 위해 따뜻하게 손을 잡아 주고, 함께 눈물을 흘려 줄 수 있을까? 일단 손이 없고 눈도 없잖아. 코도 없으니 아빠가 사 온 달콤한 빵 냄새를 맡으며 기뻐하지도 못할 거야. 엄마, 아빠는 우리가 기뻐하는 모습, 맛있게 먹는 모습을 보고 행복을 느낄 텐데 말이야.

결국 인간만이 느낄 수 있는 따뜻한 마음과 작은 행복은 앞으로도 영원히 인간만의 특권으로 남게 될 것 같아.

뇌를 성형하는 시대

의학이 발달한 요즘은 누구나 쉽게 성형을 해. 요즘 인기 있는 외모를 따라 눈을 크게, 코를 오뚝하게, 입술을 도톰하게, 그리고 턱을 갸름하게. 그래서인지 화면에 나오는 배우들의 얼굴이 비슷하게 닮아 가고 있어. 예뻐지는 것은 좋지만 각자의 개성이 없어지는 것은 아쉬운 일이야.

그런데 앞으로는 얼굴보다 뇌를 성형하는 일에 관심을 가졌으면 해. 뇌 모양과 관련된 이야기는 아서 코난 도일의 유명한 추리 소설 〈셜록 홈즈〉에도 등장하지. 당시에는 뇌 수술이나 뇌 사진이 없었기 때문에 두개골 모양을 관찰하는 '골상학'이 유행했어. 이 소설에서 셜록 홈즈는 커다란 모자를 발견하고 써 본 뒤 이렇게 말해.

"모자가 이렇게 크니 두개골이 커서 영리하겠군."

심지어 홈즈는 두개골 모양을 보고, 두개골의 주인이 어느 인종인지도 알아맞힐 정도였어.

골상학은 18세기 말 오스트리아의 의사인 프란츠 요제프 갈로부터 시작된 학문이야. 그는 뇌가 손상된 부위에 따라 서로 다른 장애가 일어나는 것을 보고, 뇌의 영역에 따라 담당하는 기능이 다를 것이라고 추측했지. 그리고 두개골의 모양을 관찰하면 어느 부분의 능력이 뛰어난 사람인지 알 수 있고, 심지어 성격도 판단할 수 있다고 주장했어. 하지만 이런 주장에는 과학적 근거가 부족했기 때문에 사이비 과학이라고 비난받았어.

한때 유행하던 골상학이 사라지기는 했어도 뇌의 특정한 부위

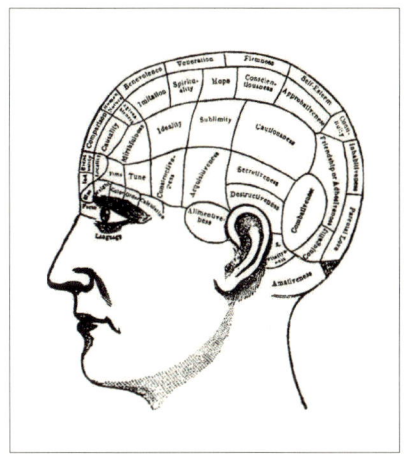

골상학 연구에 사용된 그림

가 발달하면, 그 부위와 관련된 능력이 뛰어나다는 믿음은 여전히 남아 있어. 그리고 뇌과학이 발달하면서 이런 믿음이 어느 정도 과학적 근거를 갖춘 사실로 밝혀졌지. 뇌과학은 우리가 어떤 감정을 느끼거나 행동을 할 때 뇌의 어떤 부분에서 신경 세포들이 활발하게 연결되는지를 정확히 알 수 있도록 해 주었어.

'뉴럴링크'의 기술은 뇌에 전극을 심은 뒤 컴퓨터와 연결해 특정 신경 세포들이 연결되는 이유를 알아내고 부족한 부분은 강화하려고 해. 아무리 뇌가 고통을 못 느낀다고는 하지만, 두개골을 열고 뇌에 전극을 심는 것이 그리 유쾌한 일은 아니야. 예뻐지기 위해 성형 수술의 고통을 참듯이 머리가 좋아지기 위해서라면 고통쯤은 참을 수 있다고 생각하는 사람들도 있겠지만 말이야.

하지만 뇌에 전극을 심는 수술은 얼굴을 고치는 성형 수술보다 훨씬 간단할 것 같아. '영리한 먼지'라는 뜻의 '스마트더스트'는 눈에 보이지 않을 정도로 작은 마이크로칩이기 때문에 뇌에 먼지를 뿌리듯 심으면 되거든. 스마트더스트는 센서를 통해 수집한 데이터를 컴퓨터로 내보내고, 컴퓨터의 정보를 뇌로 가져올 수도 있어. 또 몸속에서 전력을 얻기 때문에 배터리 없이 온몸을 돌아다닐 수도 있어. 몸속에서 신경 세포처럼 활동하기 때문에 '뉴럴 더스트(신경 먼지)'라고 불리기도 해.

아직 시험 단계이지만, 이 먼지는 사람의 신체 정보를 병원 컴퓨터의 서버로 보내 질병을 치료하는 데 쓰이게 될 거야.

사실 금이든 실리콘이든 무언가를 뇌에 심으면 상처가 나고 흉터가 생겨. 이런 흉터는 뇌와 컴퓨터 사이에 주고받는 전기 신호를

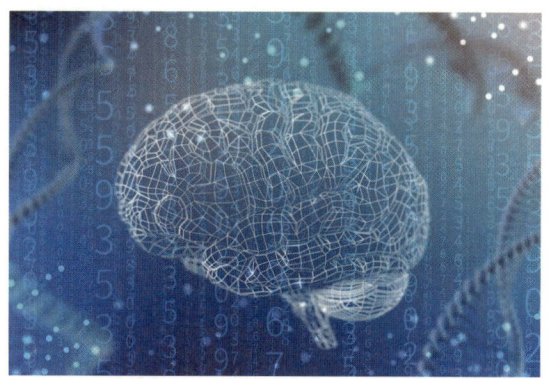

방해할 수도 있어. 이 문제를 극복하기 위해 과학자들은 뇌에 이식해도 흉터를 만들지 않는 특수 물질을 개발하려고 애썼어. 덕분에 먼지처럼 작고, 흉터도 만들지 않는 물질을 뇌에 심을 수 있게 된 거야. 만일 내 머릿속에 이런 먼지를 뿌려 인터넷과 연결된 뒤, 뛰어난 인공 지능을 내 것처럼 쓸 수 있게 된다면 놀라운 세상이 펼쳐지겠지?

현재 이 기술은 원숭이의 뇌에 전극을 심어 뇌와 연결된 컴퓨터를 움직이는 정도까지 성공했어. 앞으로는 사람의 뇌에 전극을 심어 뇌전증이나 우울증 같은 질병을 치료하는 일에 사용될 계획이야.

미래에는 이어폰을 꽂지 않아도 뇌에 심은 전극을 통해 인터넷 망에 접속해 스마트폰이나 컴퓨터의 음악을 듣는 일도 가능해질 거야. 또 평소 사람의 귀로는 들을 수 없는 주파수의 소리도 뇌에 심은 전극을 통해 인식하게 되겠지. 카메라나 마이크 같은 외부 장치와 연결되면 시각 장애인이 앞을 보고, 청각 장애인이 소리를 듣는 것도 가능해질 거야.

작가의 말

뇌가 멈춘 사람, 그러니까 기억이 완전히 사라진 사람에 대해 진지하게 생각하게 된 계기가 있었어. 고양이 로봇 때문이야. 좀 더 정확히 말하면 많은 아이들에게 사랑받는 캐릭터인 도라에몽 덕분이지. 도라에몽은 공부 못하고 실수투성이에다가 힘센 친구들에게 맞고 다니는 진구를 돕기 위해 미래에서 날아온 인공 지능 로봇이야.

사실 내가 어렸을 때에는 도라에몽을 잘 몰랐어. 어른이 된 뒤 아이를 키우며 〈도라에몽〉 애니메이션 시리즈를 알게 되었고, 엉뚱한 고양이 로봇의 매력에 푹 빠져들었지. 요즘도 이 애니메이션을 보면서 즐거워하고 때로는 위로도 받는단다. 〈도라에몽〉을 왜 이렇게 좋아하게 된 걸까 생각해 보니 실수투성이 진구가 마치 내 모습 같았기 때문이야. 그래서 어떤 실수든 다 해결해 주고, 슬플 땐 자기 일처럼 슬퍼해 주고 필요한 것은 무엇이든 배에 붙은 4차원 주머니에서 척척 꺼내 주는 도라에몽을 친구처럼 생각하며 힘을 얻었어.

그런데 끝부분에서 도라에몽은 갑자기 죽은 듯 움직이지 않아. 배터리가 다 닳았기 때문이지. 도라에몽을 살아 있는 고양이처럼 여겼던 나는 그제야 이 고양이가 파란색 인공 지능 로봇이란 현실을 깨닫게 되었어. 더욱 충격적인 것은 배터리가 닳아 더 이상 생각하지 못하게 된 도라에몽은 고철 덩어리에 지나지 않는다는 사실이었어. 마치 뇌가 멈춘 식물인간처럼 말이야.

진구가 도라에몽을 깨우려면 미래로 시간여행을 떠나 배터리를 갈아 주어야 했어. 하지만 그렇다 해도 도라에몽이 깨어난 순간 진구와 쌓아 온 우정에 대한 기억은 완전히 사라지고 말거든. 배터리를 교체한 도라에몽은 기억 상실증에 걸린 사람과 같아. 여기에서 깨달았지. 기억 저장소인 뇌는 나의 전부라고도 할 수 있겠구나!

앞으로 펼쳐질 4차 산업 혁명 시대에는 인공 지능이 세상을 지배할 것이라고 해. 이 책의 뒷부분에서도 이야기했듯이 인공 지능은 인간의 두뇌가 해야 할 많은 일을 대신할 것이고, 인간의 두뇌는 인공 지능과 연결되면서 더욱 똑똑해질 거야. 그래서 과학자들은 인간의 두뇌를 더욱 깊이 알아 가려고 노력 중이야.

참고로 이야기하자면, 뇌과학은 우리나라와 일본에서 주로 쓰는 용어야. 뇌를 연구하는 과학을 영어로는 'neuroscience(신경과학)'라고 불러. 사실 뇌과학자라는 말보다는 신경과학자라는 말이 더 정확한 표현이지. 뇌는 결국 온몸에 퍼진 신경과 연결되어 신경 전체를 통제하고 있는 본부야. 그러니까 뇌를 연구하는 것은 결국 우리 몸의 신경 체계를 연구하는 것이라 할 수 있지.

어떤 사람들은 인공 지능이 세상을 지배할 것이라고 말하고, 인간이 인공 지능의 노예처럼 살아가게 되는 세상을 상상하기도 해. 그런 내용으로 만든 소설과 영화도 많아. 정말 그런 세상이 오면 어떻게 살아가야 할까? 인공 지능을 너무 똑똑하게 만들면 안 되는 게 아닐까?

인간의 두뇌처럼 똑똑하게 일하는 컴퓨터를 만들려다가 개발한 것이 바로 인공 지능이야. 하지만 인공 지능은 아직도 많은 면에서 인간의 두뇌를 따라잡지 못하고 있지. 따라서 우리가 뇌를 더 잘 알게 된다면, 인공 지능에게 지배당하는 불행은 막을 수 있을 거야. 오히려 인간 두뇌의 능력을 강화시키는 데 인공 지능을 활용해 인류가 더 똑똑해질 수도 있겠지.

여러분들이 이 책을 읽고, 자신의 두뇌에 대해 더 잘 알게 되고 나아가 인공 지능을 제대로 다루는 미래형 인재로 성장해 준다면 정말 보람 있을 것 같아.

유윤한

사이언스 틴스 06

궁금했어,
뇌과학

초판 1쇄 발행 2020년 12월 14일
초판 6쇄 발행 2024년 1월 11일

글 | 유윤한
그림 | 나수은
펴낸이 | 한순 이희섭
펴낸곳 | (주)도서출판 나무생각
편집 | 양미애 백모란
디자인 | 박민선
마케팅 | 이재석
출판등록 | 1999년 8월 19일 제1999-000112호
주소 | 서울특별시 마포구 월드컵로 70-4(서교동) 1F
전화 | 02)334-3339, 3308, 3361
팩스 | 02)334-3318
이메일 | book@namubook.co.kr
홈페이지 | www.namubook.co.kr
블로그 | blog.naver.com/tree3339

ISBN 979-11-6218-127-0 73470

값은 뒤표지에 있습니다.
잘못된 책은 바꿔 드립니다.